KNAUR

Über den Autor:
Dr. Alexander Stevens ist Fachanwalt für Strafrecht und seit Jahren auf Sexualdelikte wie Vergewaltigung, Missbrauch, Kinderpornographie und Rotlichtdelikte spezialisiert.
Einem breiten Publikum ist er auch durch zahlreiche Fernsehauftritte als Anwalt in verschiedenen TV-Formaten wie »Richter Alexander Hold«, »Im Namen der Gerechtigkeit« oder »Galileo« bekannt.

Alexander Stevens

SEX VOR GERICHT

Ein Anwalt und seine härtesten Fälle

Besuchen Sie uns im Internet:
www.knaur.de

Originalausgabe April 2016
Knaur Taschenbuch
© 2016 Knaur Verlag
Ein Imprint der Verlagsgruppe
Droemer Knaur GmbH & Co. KG, München
Alle Rechte vorbehalten. Das Werk darf – auch teilweise – nur mit
Genehmigung des Verlags wiedergegeben werden.
Redaktion: Nadine Lipp
Covergestaltung: ZERO Werbeagentur, München
Coverabbildung: Christian Kaufmann
Satz: Adobe InDesign im Verlag
Druck und Bindung: CPI books GmbH, Leck
ISBN 978-3-426-78812-7

2 4 5 3 1

Inhalt

Vorsorge	7
Die Menschenhändlerin	14
Schatten des Grau	25
Lust	36
1000	47
Stadt, Land, Sex	53
Geld	65
Nachtlinie	72
Edward	79
Nie mehr Sex mit der Richterin	93
Schmutzige Nummer	104
Der Fruchtzwerg	112
Spanner langer Hansel	121
Vergewaltigt	128
Der Maler und sein Pinsel	133
Eine Tüte dazu?	140
Lola stöhnt	147
Spaß	154
Liebe deinen Nächsten	164
Babysitter für den Papa	175
Küchenpsychologie	182
Der Hörer	189
Der Kinderfreund	197
Die Sprache der Liebe	211

Vorsorge

»Das ist meine Vagina.«
Die attraktive Schülerin zeigte mir eine gestochen scharfe Nahaufnahme. Ein bisschen zu nah und zu scharf für meine Begriffe, denn der Fotoausdruck hätte auch aus einem Anatomiebuch für Mediziner stammen können. Hätte sie mir nicht gesagt, dass es sich bei dem Foto um ihre – respektive eine – Vagina handelt, es hätte aus meiner Sicht auch jedes andere Körperorgan darstellen können.
Das besagte Bild ihrer Vagina hatte die Schülerin ihrer Aussage nach im Internet gefunden. Wie genau und warum, wollte sie allerdings nicht sagen. Im Internet gibt es jedenfalls bekanntlich nichts, das es nicht gibt, und anscheinend eben auch Interessenten für sehr detaillierte Vagina-Nahaufnahmen in eher medizinisch als erotisch inszenierter Pose.
Dass jedoch ein renommierter Chefarzt einer bekannten »Promiklinik« für das Vaginabild aus dem Internet verantwortlich sein sollte, war hingegen schon eine kühne Behauptung. Der Mediziner war in Justizkreisen auch als Gutachter bekannt und wurde aufgrund seiner hochgeschätzten Expertise bewundernd gerne auch nur »der Professor« genannt.
Allerdings beharrte die Schülerin darauf, dass sie selbst

noch nie ihre Vagina fotografiert und auch sonst noch niemand das gute Stück zu sehen bekommen habe – mit Ausnahme des »Professors«.

Zu Letzterem war sie auf Empfehlung ihrer besten Freundin vor gut vier Monaten zu ihrer ersten gynäkologischen Vorsorgeuntersuchung gegangen. Es war ihr erster Besuch bei einem Frauenarzt, weshalb sie seine Untersuchungsmethoden nicht weiter hinterfragt hatte. Obwohl es ihr schon seltsam vorgekommen war, dass es bei der Untersuchung mit dem Ultraschallgerät zu diversen »Blitzen« gekommen war, die den sonst eher abgedunkelten Raum hell erleuchteten.

Aber was nun der renommierte Arzt genau mit diesem Bild ihrer Vagina zu tun hatte, konnte sich die attraktive Blondine auch nicht recht erklären. Das Bild musste bei der Untersuchung entstanden sein und dann seinen Weg ins Internet gefunden haben. Sie beharrte darauf, dass es sich bei dem Bild definitiv um eine Abbildung ihrer Vagina handelte.

Deshalb hatte die Schülerin auch Strafanzeige gegen den stadtbekannten Frauenarzt erstattet. Wegen Verletzung des höchstpersönlichen Lebensbereichs durch Bildaufnahmen. Allerdings mit wenig Erfolg.

Ihrer Story hatte man keinen Glauben geschenkt. Nur wenige Wochen später erhielt sie eine Mitteilung der Staatsanwaltschaft, dass in ihrem Fall noch nicht einmal Ermittlungen veranlasst worden seien.

In der Begründung zu den angezeigten Lichtblitzen bei der Ultraschalluntersuchung hieß es lapidar, dass Untersuchungen im Vaginalbereich unter Nutzung der hierzu notwendigen technischen Gerätschaften zu den ureigensten Aufgaben eines Frauenarztes gehörten und nicht strafbar seien. Hinsichtlich der angeblich aufgefundenen Fotos ihrer Vagina hatte der Staatsanwalt noch angemerkt, dass sich Vaginen aufgrund der bei allen Frauen gleichgearteten Physiologie nicht auf Übereinstimmung vergleichen ließen.

Woran der Staatsanwalt diese Erkenntnis allerdings festmachte – anhand seiner eigenen profunden Erfahrungen oder weil er besonders sachkundig auf dem Themengebiet war –, ließ er offen.

Ein Anfangsverdacht gegen den »Professor«, der auch schon für den sachbearbeitenden Staatsanwalt zahlreiche Gutachten gefertigt hatte, liege jedenfalls nicht vor.

Gut, realistisch betrachtet konnte ich meiner Mandantin in der Sache tatsächlich keine großen Hoffnungen machen. Die meisten Leute würden vermutlich nicht einmal ihre eigene Hand im Internet wiedererkennen, geschweige denn Körperteile, die man im Alltag noch seltener zu Gesicht bekommt.

Andererseits traute ich dem »Professor«, dem der Ruf anhaftete, seine gerichtlichen Gutachten getreu dem Motto »Wer zahlt, schafft an« zu fertigen, durchaus einen Hang zum Illegalen zu. Und die Verfahrenseinstellung des sachbearbeitenden Staatsanwaltes war aufgrund der wenig profunden Ausführungen zu den Themen Vaginen und gynäkologische Untersuchungen leicht angreifbar.

Die dem Staatsanwalt übergeordnete Generalstaatsanwaltschaft würde ihn im Falle meiner Beschwerde gegen die Einstellungsverfügung mit hoher Wahrscheinlichkeit anweisen, seine Behauptungen noch mal von fachkundiger Seite verifizieren zu lassen.

Aber allein mit der Beschwerde gegen die Verfahrenseinstellung war meiner Mandantin noch nicht geholfen. Denn Beweise für ihre Anschuldigungen gegenüber dem Frauenarzt gab es ja nach wie vor keine.

Optimal wäre ein Lockvogel gewesen, der bzw. die einen Vorsorgetermin mit dem »Professor« vereinbaren würde, um die Vorwürfe meiner Mandantin gegebenenfalls bestätigen zu können. Wenn es dabei ebenfalls zu dubiosen Lichtblitzen und vaginalen Internetbildern kommen würde, wäre der »Professor« überführt.

Nur, freiwillig würde sich wohl kaum jemand zur Verfügung stellen. Und anders als in Amerika, wo Polizistinnen sich sogar als Prostituierte ausgeben, um Rotlicht- und andere Sexualdelikte aufzudecken, wird im deutschen Rechtssystem tunlichst alles gemieden, was auch nur im Entferntesten sexuell konnotiert ist.

So wird Sexualstrafrecht an deutschen Universitäten erst gar nicht unterrichtet, geschweige denn in den Staatsexamina geprüft. Und Polizistinnen werden auch nicht als Lockvögel für Sexualdelikte eingesetzt. Sexualstrafsachen sind schmuddelig, und mit Schmuddel will die konservative deutsche Justiz möglichst nichts zu tun haben.

Eine Frau aus meinem eigenen Freundes- oder Bekanntenkreis konnte ich auch kaum auf den zwielichtigen Frauenarzt ansetzen, wenn die Vorwürfe, die meine Mandantin erhob, wirklich zutrafen. So abgebrüht ist man selbst als Anwalt nicht.

Einzige realistische Chance bot also die Erstellung eines Vergleichsgutachtens des Vaginabildes aus dem Internet mit dem »Original« meiner Mandantin.

Ließe sich verifizieren, dass das Foto aus dem Internet mit an Sicherheit grenzender Wahrscheinlichkeit die Vagina der Schülerin darstellt, so würde die Staatsanwaltschaft ihre Augen nicht mehr vor den mutmaßlichen Machenschaften des renommierten Frauenarztes verschließen können. Der Staatsanwalt wäre zumindest gezwungen, etwas genauer beim Herrn »Professor« nachzuhaken.
Wie und woran allerdings ein Sachverständiger einen solchen Vaginenvergleich festmachen würde, war mir persönlich ein Rätsel. Vielleicht will man es auch zur Wahrung der eigenen Sexualität gar nicht so genau wissen. Jedenfalls würde das Vergleichsgutachten einige Zeit in Anspruch nehmen, so die profunde Diagnose des mit diesem Unterfangen beauftragten Gutachters.

Der »Professor« bemerkte im ersten Moment gar nicht, dass die Tür seines Behandlungszimmers während seiner laufenden Untersuchung aufging. Zu sehr war er mit der auf dem Gynäkologenstuhl liegenden Patientin beschäftigt. Den kurzen Lichtblitz nahmen die eintretenden Polizeibeamten noch wahr, bevor sie dem verdutzten Mediziner die Handschellen anlegten.
Das von mir für meine Mandantin in Auftrag gegebene Vergleichsgutachten war nicht nur zu dem Ergebnis gekommen, dass zwischen dem Foto aus dem Internet und der Vagina der Schülerin eine hundertprozentige Übereinstimmung bestand; der Sachverständige hatte auch fachkundig erläutert, dass gynäkologische Ultraschalluntersuchungen keinesfalls Lichtblitze erzeugten.
Da konnte selbst der dem »Professor« so wohlgesinnte

Staatsanwalt nicht anders, als auf meinen Antrag hin einen richterlichen Durchsuchungsbeschluss für die Praxisräume des Frauenarztes zu erwirken.

Dass der »Professor« bei dem unangekündigten Besuch der Polizei auch noch in flagranti beim Fotografieren der Vagina einer seiner Patientinnen mittels einer Art Kamerabrille samt eingebautem Blitzlicht erwischt wurde, war purer Zufall. Vermutlich genauso zufällig wie das von der Schülerin im Internet entdeckte Bild ihrer Vagina.

Freilich wollte auch der renommierte Herr »Professor« nicht angeben, wie das Vaginabild der Schülerin ins Internet gelangt war. Aber das musste er auch nicht. Es war offensichtlich, dass das mit »Behandlungsraum 4« beschilderte Zimmer neben dem Empfang definitiv kein Behandlungsraum war. Anstelle von medizinischen Gerätschaften fanden die Polizisten dort vielmehr ein hochtechnisiertes Rechenzentrum vor, mit zahlreichen Servern, drei aneinandergereihten Computerbildschirmen und einem professionellen Videoschnittsystem zum Bearbeiten von Filmen.

Wie viele Bilder und Videos es letztlich waren, die der renommierte Arzt von den Vaginen seiner Patientinnen ohne deren Wissen oder gar Zustimmung auf eine pornographische Bezahlseite im Internet hochgeladen hatte, blieb im Ergebnis unklar. Verständlicherweise scheuten die meisten Patientinnen ein Vergleichsgutachten ihrer Vagina mit den ausgewerteten Bilddateien vom Server. Meine Mandantin war leider die einzige, die sich getraut hatte.

Doch ohne den Beweis, dass es sich bei den aufgefunde-

nen Fotos tatsächlich um die Vaginen zahlreicher anderer Patientinnen handelte, wurde der »Professor« nur wegen des einen Fotos meiner Mandantin verurteilt. Er kam mit einer kleineren Geldstrafe davon.
Als Gerichtsgutachter wurde der »Professor« aber seither nicht mehr bestellt, auch nicht von dem sachbearbeitenden Staatsanwalt.

Die Menschenhändlerin

Frau F. war vom ersten Moment an dabei gewesen. Vor gut zwei Wochen hatte Frau F. das Mädchen in Bulgarien aufgesucht, angeblich um ihr einen attraktiven Au-pair-Job in Deutschland zu vermitteln. Frau F. hatte gutes Geld geboten für drei Monate Kinderbetreuung und Aushilfsarbeiten im Haushalt, bei freier Kost und Logis. Das Mädchen wollte sich die Chance nicht entgehen lassen und war einverstanden.

Es war ein verlassenes, von einer hohen Mauer umschlossenes Gelände mit einem einzelnen großen Backsteingebäude, auf dem das Mädchen von zwei finstergesichtigen, bulligen und am ganzen Körper tätowierten Männern aus der schwarzen Limousine gezerrt wurde. Auf Befehl von Frau F. nahmen ihr die beiden Männer die Augenbinde ab. Frau F.s zuvor noch so freundlicher Gesichtsausdruck war eiskalt. Die beiden Männer, die Frau F. auf der Fahrt nach Deutschland als ihre Brüder vorgestellt hatte, hatte Frau F. fest im Griff.

In der Wohnung, in der das bulgarische Mädchen zunächst mit Frau F. und ihren Brüdern angekommen war, gab es keine Kinder und keine Gastfamilie. Der wahre Grund, warum Frau F. das Mädchen nach Deutschland

gelockt hatte, ließ nicht lange auf sich warten. Kurz nachdem sie in Frau F.s Wohnung angekommen waren, kam sie auch gleich zur Sache. Ob sie es »freiwillig« mit zahlungswilligen Männern machen würde oder ob sie dazu erst noch ein paar schmerzhafte »Lektionen« benötige, hatte Frau F. das Mädchen direkt gefragt.
Natürlich hatte das junge Mädchen weder das eine noch das andere gewollt. Sex gegen Geld, so etwas würde sie niemals tun. Außerdem hatte sie einen festen Freund.
Frau F. stellte ihre Frage nur einmal. Da das Mädchen zu lange mit seiner Antwort zögerte, wurde es von den Männern brutal niedergeschlagen, ins Auto geschleppt und auf dieses gottverlassene Gelände verbracht, umgeben von Schotter, Kies, Bäumen und einer unüberwindbar hohen Mauer. Außer dem großen verlassenen roten Backsteingebäude in der Mitte des Areals war nichts zu sehen, nichts zu hören. Mit einem festen Tritt in ihre Kniekehlen gaben die beiden grobschlächtigen Männer ihr das Kommando loszugehen.
Das rote Backsteingebäude, in das das Mädchen geführt wurde, wirkte unbewohnt. Innen waren alte Möbel aus längst vergangenen Tagen, die zum Teil mit vergilbten Laken abgedeckt waren. Die Männer brachten sie durch zwei Zimmer und durch einen langen Korridor zu einer kleinen, unscheinbaren Holztür. Von dort aus führte eine steile Treppe hinab in ein feuchtes, finsteres Kellergewölbe. Deutlich war das Geräusch von fließendem Wasser zu hören. Eine einzelne provisorisch angebrachte Glühbirne spendete schwaches Licht, der Boden war dreckig und feucht. Frau F. war nicht mehr zu sehen.
Einer der Männer ließ das Mädchen los, um eine schwe-

re, in der gegenüberliegenden Wand eingelassene Eisentür aufzuschließen. Das Aufschieben der Tür bereitete dem muskulösen Mann ersichtlich große Mühe. Dahinter befand sich eine weitere Tür, die mit einem elektronischen Codeschloss versehen war. Nach Eingabe einer Zahlenkombination öffnete sie sich automatisch. Die Tür war ganz offensichtlich erst vor kurzem eingebaut worden.

Das Mädchen wurde von den beiden Riesen gepackt und in den nahezu finsteren Kellerraum geworfen. Sie fiel auf den feuchten, kalten Kellerboden, hörte, wie die Tür ins Schloss fiel, dann war es dunkel. Nur durch einen kleinen Türspalt drang ein wenig Licht in ihr Gefängnis. Niemand würde sie hier finden.

Erst nachdem sich ihre Augen an die Dunkelheit gewöhnt hatten, konnte sie die Umrisse der anderen beiden Frauen erkennen. Sie saßen zusammengekauert in der Ecke. Sie rührten sich nicht und sagten auch nichts. Als sicher war, dass die bulligen Männer auch wirklich weg waren, fing eine der Frauen an, auf Bulgarisch zu sprechen. Mit schwacher Stimme erzählte sie, dass sie schon seit zwei Tagen hier eingesperrt sei, ohne Essen und Trinken. Die Männer hätten gesagt, nur wenn sie verspreche, mit anderen Männern gegen Bezahlung Sex zu haben, werde sie das Kellerverlies lebend verlassen.

Die andere Frau rührte sich gar nicht mehr. Das Mädchen wusste nicht, ob sie überhaupt noch lebte.

Nach gefühlt mehreren Stunden öffnete sich die Tür zu ihrem Verlies. Eskortiert von den bulligen Brüdern trat Frau F. ein. Frau F. sah das Mädchen mit ihrem eiskalten Blick nur an. Sie musste nichts sagen. Das Mädchen

wusste, sie hatte keine andere Wahl. Wenn sie auf Frau F.s Forderung nicht eingehen würde, dann würde sie dort unten sterben. Ohne Widerrede folgte sie Frau F.
Von nun an tat das Mädchen alles, was Frau F. von ihr verlangte.
Was mit den anderen beiden Frauen in dem Verlies passiert ist, wusste das Mädchen nicht. Sie hatte sich auch nicht getraut nachzufragen.

Die Polizei hatte den Notruf sehr ernst genommen. Das Polizeiaufgebot war enorm. Sofort wurden Frau F. und ihre Brüder von einem Sondereinsatzkommando festgenommen und getrennt voneinander vernommen.
Der Vater des bulgarischen Mädchens hatte die Polizei informiert. Seine Tochter hatte ihn in einem unbeobachteten Moment von dem Nobelbordell aus, in dem sie für Frau F. anschaffen ging, anrufen und ihn um Hilfe bitten können.
Zwar war Frau F. dem Mädchen die ersten beiden Wochen noch auf Schritt und Tritt gefolgt, ab der dritten Woche hatte sie die Aufsicht über das Mädchen jedoch gänzlich dem Zuhälter des Bordells übertragen. Das Mädchen hatte sofort die erstbeste Gelegenheit genutzt, um Hilfe zu holen.
Obwohl die Polizei nicht gerade zimperlich mit Frau F. und ihren Brüdern umging, schwiegen sie beharrlich. Weder mit unlauteren Drohungen noch mit haltlosen Versprechungen ließen sich die drei dazu bewegen, den Beamten endlich das Kellerversteck preiszugeben.
Dass die Nerven der Ermittler blank lagen, war nachvollziehbar. Alle waren sich nach der Aussage des bul-

garischen Mädchens sicher, dass Frau F. und ihre Bande noch mehr Frauen ohne Essen und Trinken in dem geheimen Kellerverlies gefangen hielten. Wenn Frau F. oder ihre Gorillas nicht bald das Versteck verraten würden, dann drohten die entführten Frauen einen qualvollen Tod zu sterben – wenn es nicht ohnehin schon zu spät war.

Unmittelbar nach der Rettung des bulgarischen Mädchens hatte die Polizei deshalb angefangen, Anwesen in der ganzen Umgebung auszukundschaften, aufzubrechen und zu stürmen, auf die die Beschreibung des Mädchens halbwegs gepasst hatte. Ohne Erfolg.

Das Einzige, was Frau F. und ihre beiden Lakaien gesagt hatten, war, dass sie einen Anwalt sprechen wollten. Diesen Wunsch konnten die Polizisten ihnen nicht verwehren. Sobald gegen jemanden ein Haftbefehl erlassen wird, hat er in Deutschland unbedingten Anspruch auf einen Anwalt, den er sich frei aussuchen darf. Und kann der Verhaftete sich keinen Anwalt leisten, muss der Staat das Geld hierfür vorstrecken.

Frau F. wählte aus dem dicken gelben Telefonbuch, das die Polizisten ihr wütend hingeknallt hatten, ausgerechnet mich aus. Sie kannte mich nicht, es war reiner Zufall.

Noch ehe ich Frau F. persönlich sprechen konnte, wurde ich auf dem Gang des Polizeipräsidiums von der ermittelnden Staatsanwältin abgepasst. Das war kein Zufall. In eindringlichen Worten erklärte sie mir kurz den Sachverhalt und forderte mich unverblümt dazu auf, das Versteck mit dem geheimen Kellerverlies aus Frau F. »herauszukitzeln«. Nach der glaubhaften Schilderung des Mädchens gehe es schließlich um das Leben weiterer zur Zwangsprostitution verschleppter Frauen, die einen qualvollen Tod zu sterben drohten.

Im Prinzip wollte mich die Staatsanwältin damit relativ offen zu einem strafbaren Parteiverrat anstiften, denn sämtliche Informationen, die mir ein Mandant anvertraut, unterliegen der anwaltlichen Schweigepflicht. Ohne ausdrücklichen Willen des Mandanten darf ich schon von Gesetzes wegen keine Mandatsgeheimnisse offenbaren. Tue ich es doch, mache ich mich grundsätzlich selbst strafbar. Das wusste auch die Staatsanwältin. Das Problem ist nur, Recht und Gesetz sind in der Theorie schön und gut. Wenn es aber jenseits der Gesetzbücher und Rechtsbibliotheken plötzlich um Leben oder Tod geht und Stunden oder gar Minuten hierüber entscheiden, können eherne Theorien und juristische Lehren schnell verblassen. Was ich auch tun würde, es wäre in jedem Fall keine rein rechtliche, sondern auch eine schwierige moralische Entscheidung, dachte ich mir, als der Wachtmeister mich zu Frau F. in die Zelle führte.

Frau F., die übrigens ausgezeichnet Deutsch sprach, passte in das von der Staatsanwältin gezeichnete Bild: herrischer Gesichtsausdruck, kräftiger Händedruck, eine eher ungepflegte Erscheinung, düsterer Blick und vor allem diese ruhige, aber in jeder Silbe dominant klingende Stimme. Gepaart mit den im Raum stehenden Vorwürfen verursachte mir das Treffen ein ziemlich mulmiges Gefühl.

Ich versuchte dennoch sachlich zu bleiben, die sich womöglich im Todeskampf befindenden Mädchen in dem Kellerverlies unmittelbar vor Augen, und erläuterte

Frau F. die rechtlichen Möglichkeiten, die es für sie gab. Sollten Frau F. und ihre »Brüder« das Kellerversteck offenbaren und mit der Polizei zusammenarbeiten, würde das angesichts der Schwere und Dringlichkeit des Falls ganz erhebliche Auswirkungen auf die spätere Strafe haben. Würden die Frauen noch lebend gerettet, könnte Frau F. sogar mit einer deutlich milderen Strafe davonkommen.

Es ist eine alte Faustregel im Strafrecht: Je früher das Geständnis, desto größer die Strafmilderung.

Und selbst wenn die polizeiliche Hilfe für die Frauen zu spät kommen würde, könnten Rettungsbemühungen und ein frühes Geständnis von Frau F. immer noch den Unterschied zwischen fünfzehn oder zwanzig Jahren Gefängnis und darüber hinaus machen. Denn auch wenn auf Mord grundsätzlich lebenslange Freiheitsstrafe steht, gibt es in weniger schweren Fällen die Möglichkeit, schon nach fünfzehn Jahren Haft eine Außervollzugsetzung auf Bewährung zu beantragen.

Eine Zusammenarbeit mit den Behörden konnte sich also in jedem Fall für Frau F. lohnen. Zumindest versuchte ich, es ihr angesichts des ungewissen Schicksals der mutmaßlich verschleppten Frauen schmackhaft zu machen.

Frau F. beharrte jedoch darauf, dass sie nichts wisse. Sie verzog dabei keine Miene. Auch weitere Bemühungen meinerseits, mir doch bitte die Wahrheit zu sagen und mit den Behörden zusammenzuarbeiten, um nicht nur die eingesperrten Mädchen vor einem schlimmen Schicksal, sondern auch sich selbst vor einer hohen Strafe zu bewahren, halfen nichts.

Frau F. konnte oder wollte nichts sagen. Das Einzige, was sie zugab, war, das von der Polizei gerettete Mädchen ursprünglich mal aus Bulgarien nach Deutschland mitgenommen zu haben. In Deutschland angekommen, hätten sich aber ihre Wege getrennt. Mit Zwangsprostitution hätten weder sie noch ihre Brüder etwas zu tun.
Ich sagte Frau F. wahrheitsgemäß, dass ich dann vorerst nicht viel für sie tun könne, ehe ich die Ermittlungsakten bekäme. Danach erst könnte ich die weitere Verteidigungsstrategie mit ihr besprechen.
Frau F. zur Verabschiedung die Hand zu geben fiel mir nicht leicht. Ich hatte den eingesperrten Frauen gegenüber ein verdammt schlechtes Gewissen.
Der Staatsanwältin teilte ich mit, dass meine Mandantin ihr leider nichts zu sagen habe. Quittiert wurde es mir mit einem enttäuscht-wütenden Gesichtsausdruck. Für die Staatsanwältin war ich nun einer dieser unanständigen Strafverteidiger, der sich für die falsche Seite des Rechts entschieden hatte.
Sie ärgerte sich bestimmt, dass Frau F. ausgerechnet mich als ihren Verteidiger gewählt hatte. Aus vorangegangenen Begegnungen mit mir wusste die Staatsanwältin nämlich, dass ich nicht zu der Sorte von Verteidigern gehöre, die ihre Mandanten zu vorschnellen Geständnissen überreden, nur um bei der Justiz gut dazustehen und dann von den Richtern oder Staatsanwälten weitere Pflichtverteidigungen vermittelt zu bekommen. Ich sah ihr an, dass sie es mir durchaus zutraute, ihr das Versteck zum Schutze meiner Mandantin nicht zu verraten, selbst wenn ich es gewusst hätte.
Aber was die Staatsanwältin über mich dachte, war mir

letztlich egal. Schließlich belastete mich das Schicksal der eingesperrten Frauen keineswegs weniger, auch wenn mir die Entscheidung, ob ich für oder gegen meine Mandantin Stellung beziehen würde, aufgrund von Frau F.s beharrlichem Schweigen erspart geblieben war.

Auch die beiden Brüder von Frau F. – mittlerweile ebenfalls anwaltlich vertreten – hatten keinerlei Angaben gemacht. Die Ermittlungen der Polizei waren bislang ergebnislos geblieben. Weder meldete sich ein weiteres Mädchen bei der Polizei, noch gab es einen Leichenfund. Und eine Aussage von den mutmaßlichen Tätern erzwingen konnten die Ermittler auch nicht. Das verbot das Gesetz.

Zwang oder gar Folter sind in einem Rechtsstaat strikt verboten, und das zu Recht: Zu leidvoll sind die Erfahrungen aus der Geschichte. Und täten die Polizisten es doch, dann würden sie sich nicht nur strafbar machen, das mit Folter erpresste Geständnis wäre auch nicht gerichtsverwertbar. Eine moralische Zwickmühle. Recht und Gesetz gegen die potenzielle Rettung von Menschenleben.

Die einzige Hoffnung der Polizei und Staatsanwaltschaft war daher eine weitere Vernehmung des aus dem Bordell geretteten Mädchens. Diese Vernehmung wollte man zunächst vermeiden, um sie zu schützen. Das Mädchen war mittlerweile an einem geheimen Ort untergebracht, von dem nur der leitende Kriminalbeamte der eigens gegründeten Sonderkommission »Keller« wusste. Die Polizei ging fest davon aus, dass es sich um einen ganzen Menschenhändlerring rund um Frau F. handeln musste, der vor nichts zurückschrecken würde. Man wollte auf Nummer sicher gehen – schließlich war das Mädchen die einzige Zeugin.

Die Situation berührte mich, ich zerbrach mir an diesem Abend lange den Kopf darüber. An Einschlafen war nicht zu denken. Zur Ablenkung schaltete ich den Fernseher an, ohne wirklich wahrzunehmen, was an mir vorbeiflimmerte. Mein Blick ging durch den Fernseher hindurch, ich überlegte fieberhaft, wie ich Frau F. vielleicht doch noch davon überzeugen könnte, das Kellerversteck preiszugeben.

Dabei war das Nachtprogramm an diesem Abend durchaus sehenswert. Als eine dunkel gekleidete Gestalt eine schwere Eisentür und danach eine weitere mit einem elektronischen Zahlenschloss gesicherte Tür öffnete und zusammen mit einem Komplizen ein junges Mädchen in ein dunkles Kellerverlies brachte, konzentrierte sich meine ganze Aufmerksamkeit auf diese alte »Tatort«-Folge. Der einsame Schotterplatz, das rote Backsteingebäude, die schwarze Limousine und das Geräusch von fließendem Wasser. Selbst die Autofahrt mit verbundenen Augen war mit der Aussage des bulgarischen Mädchens identisch.

Meine am nächsten Morgen sogleich an die Staatsanwältin und Polizei übermittelte Fernsehempfehlung ließ die heiß gelaufenen Nerven aller Beteiligten schlagartig abkühlen. In der ARD-Mediathek war die »Tatort«-Folge für alle schnell abrufbar.

Damit konfrontiert, gab das Mädchen schließlich zu, alles erfunden zu haben. Sie war tatsächlich freiwillig nach Deutschland gekommen. Frau F. und ihre Brüder hatte sie um eine Mitfahrgelegenheit nach Deutschland gebeten, um als Prostituierte in besagtem Nobelbordell Geld zu verdienen.

Das Mädchen hatte Frau F. und ihren Begleitern erzählt, als Au-pair-Mädchen in Deutschland arbeiten zu wollen. Als aber der Vater des Mädchens, der schon vor einigen Jahren nach Deutschland ausgewandert war, überraschend in dem Bordell als Kunde auftauchte und seine eigene Tochter dort erkannt hatte, musste sie sich schnell eine gute Ausrede einfallen lassen.

Die »Tatort«-Folge hatte sie kürzlich im Nachtprogramm gesehen.

Schatten des Grau

Paragraph 1:
Die SKLAVIN hat dem HERRN vier Mal im Monat binnen zwölf Stunden Vorlaufzeit auf Kommando des HERRN für jeweils eine Therapiesitzung (siehe hierzu Paragraph 3) zur Verfügung zu stehen. Ausnahmen hiervon sind nur zulässig bei erheblichen Krankheitsfällen, die von einem Arzt attestiert sein müssen, oder in Trauerfällen von Verwandtschaft ersten Grades.

Paragraph 2:
Die SKLAVIN hat sich dem HERRN gegenüber jederzeit devot, höflich und zuvorkommend zu verhalten. Sie darf dem HERRN niemals widersprechen.
Den HERRN hat die SKLAVIN stets mit »Mein HERR« anzusprechen und dabei eine unterwürfige Haltung zu bewahren.
Das Sprechen ist der SKLAVIN nur nach Aufforderung durch den HERRN gestattet.

Paragraph 3:
Der HERR vollzieht an der SKLAVIN Therapiesitzungen.
Eine Therapiesitzung beträgt mindestens sechzig Minuten.
In Vorbereitung auf jede Sitzung hat sich die SKLAVIN gänzlich zu entkleiden und einen ledernen Bauchgurt mit Befestigungsösen, Arm- und Fußbänder mit Befestigungsösen sowie ein Lederhalsband mit Karabinerhaken anzulegen. Gegebenenfalls hat die

SKLAVIN hiervon abweichend oder zusätzlich die vom HERRN für die jeweilige Therapiesitzung eigens verordnete therapeutische Kleidung zu tragen.

Unmittelbar vor Beginn der Therapiestunde wird der SKLAVIN vom HERRN ein geeignetes Objekt seiner Wahl in Vagina und/oder Anus eingeführt, dessen Länge und Umfang sich jeweils nach Art der bevorstehenden Therapie ausrichtet.

Weiterhin hat die SKLAVIN während der Sitzungen stets einen vom HERRN zur Verfügung gestellten Knebel im Mund zu tragen, der nur vom HERRN entfernt werden darf.

Paragraph 4:
Der Therapieverlauf wie auch der Verlauf der einzelnen Sitzungen gestaltet sich ausschließlich nach Maßgabe des HERRN.

Paragraph 5:
Im Einzelnen hat die SKLAVIN mindestens einmal pro Therapiesitzung den oralen und/oder vaginalen und/oder analen Geschlechtsverkehr mit dem HERRN oder einer von ihm zu bestimmenden dritten Person zu vollziehen.

Sie hat einmal pro Monat die gleichzeitige Penetration von Mund und/oder Vagina und/oder Anus durch den HERRN und eine oder zwei von dem HERRN zu bestimmende dritte Person zu erdulden.

Weiterhin hat die SKLAVIN einmal pro Monat gleichgeschlechtliche Sexualpraktiken mit einer weiblichen Hilfsperson nach Maßgabe des HERRN zu tolerieren und/oder vorzunehmen.

Die Wahl der zusätzlichen Sexualpartner ist ausschließlich dem HERRN überlassen.

Paragraph 6:
Die SKLAVIN hat jedwede Fesselung mit Handschellen, Seilen oder Kabelbindern sowie die Verbringung in eigens angefertigte Pranger, Käfige und Seilzuganlagen widerstandslos zu erdulden. Hierzu gehört insbesondere die sog. Blackbox, ein blickdichter, sargähnlicher Holzkasten mit verschiedenen integrierten Öffnungen, durch die der Insasse ertastet und penetriert werden kann.

Paragraph 7:
Die SKLAVIN hat nach Maßgabe des HERRN zur Vorbereitung auf die therapeutischen Sitzungen von dem HERRN ausgewählte Erotik- und Pornofilme gemeinsam mit diesem anzusehen und sie gegebenenfalls mit dem HERRN auf dessen Wunsch hin detailgetreu nachzustellen.

Paragraph 8:
Die SKLAVIN hat jederlei körperliche Züchtigung als Strafe für Zuwiderhandlungen (Paragraph 9) widerstandslos hinzunehmen.

Paragraph 9:
Jegliche Zuwiderhandlung gegen die oben aufgeführten Pflichten der SKLAVIN werden von dem HERRN mit strengen Strafen geahndet.
Die Wahl der geeigneten und angemessenen Bestrafung ist hierbei allein dem HERRN überlassen.

Paragraph 10:
Art, Dauer und Umfang der verordneten Strafen liegen im freien Ermessen des HERRN. Die Einzelstrafe darf aber die Dauer einer Therapiesitzung nicht überschreiten. Insbesondere wird der HERR

als Strafen für die ungehorsame SKLAVIN folgende Züchtigungsmittel in Betracht ziehen:
– Streiche mit Gerte, Rute, Bambusstock und Peitsche auf Hand- und Fußflächen, Gesäß, Oberschenkel und Brüste;
– das Führen an einer Hundeleine;
– das Tragen einer Hundemaske;
– das Aufhängen an den Hand- und Fußgelenken (v. a. an der sogenannten Spanischen Schaukel).

Vertragsrecht gehörte nicht gerade zu meinen Lieblingsfächern während des Jurastudiums. Meidet man das Wirtschaftsstrafrecht, wird man als Strafrechtler auch normalerweise nicht mehr mit Vertragsrecht behelligt. Zumindest hatte ich nichts mehr damit zu tun gehabt, bis ich in der Haftzelle auf den Verfasser des obigen Vertrages treffen sollte.
Frederick Grau wirkte ähnlich grau wie die Wände um uns herum. Er war ein hagerer Typ, Mitte dreißig, blonde Haare, blass und unscheinbar. Seine Stimme war zittrig, an den Armen und auf seiner linken Wange waren Blutergüsse zu erkennen. Er hatte offenbar bereits Bekanntschaft mit den weniger (maus)grauen Insassen der Haftanstalt gemacht.
Sexualstraftäter haben es im Gefängnis nun mal besonders schwer. Die meisten Häftlinge sitzen ein, weil sie sich den Regeln der Gesellschaft nicht unterordnen können. Im Knast hingegen herrscht unter ihnen strikte Subordination: Ganz oben stehen die Mörder, Totschläger und Räuber – ganz unten die Vergewaltiger. Und noch eine Stufe weiter unten die Kinderschänder.
Schicke ich einem Sexualstraftäter Post ins Gefängnis,

lautet daher der einleitende Satz meines Schreibens immer: »Sehr geehrter Herr XY, in der Strafsache gegen Sie teile ich Ihnen mit, dass ...«.

Ich schreibe immer »Strafsache« und nenne nie den wahren Haftgrund, denn das wäre für den Mandanten viel zu gefährlich. Ein Mithäftling könnte das Schreiben finden, aus dem sich zum Beispiel die Sexualstraftat als Grund für die Inhaftierung bestätigt. Manche Mithäftlinge lassen sich sogar die Anwaltspost eines neu hinzugekommenen Häftlings von diesem vorlegen, um ihn gleich seiner Knast-Kaste richtig zuzuordnen – mit den entsprechenden knasthierarchischen Konsequenzen.

Wie der dominante HERR aus seinem Vertragswerk sah Herr Grau jedenfalls nicht aus. Knapp zwei Wochen war es her, dass zwölf Polizeibeamte seine Wohnung gestürmt und ihn festgenommen hatten. Das große Polizeiaufgebot war von der Presse nicht unbemerkt geblieben. Vielleicht hatte aber auch der völlig entsetzte Vater des dreizehnjährigen Mädchens, das sich in Herrn Graus Wohnung befand, den Journalisten einen Tipp gegeben. Per Zufall war er auf Chat-Protokolle im Online-Account seiner Tochter gestoßen, was die ganze Sache hatte auffliegen lassen.

Zum Zeitpunkt seiner Festnahme trug Herr Grau einen Ganzkörper-Lederanzug, der nur eine Öffnung für seinen Penis aussparte. Das dreizehnjährige Mädchen hatte er gerade an eine Art »Henkersgalgen« gefesselt und damit begonnen, sie mit einem Pferdeschweif zwischen ihren nackten Beinen zu kitzeln.

Am nächsten Tag zierte Graus Gesicht die groß aufgemachten Titelseiten der Boulevardpresse. In Anlehnung an sein hageres Erscheinungsbild war ein unzensiert übernommenes Profilbild aus dem Internet mit der ironischen Schlagzeile »Wer hat Angst vorm Ledermann« übertitelt. In der Untersuchungshaftanstalt blieb dies nicht lange unbemerkt. Auch bei Herrn Grau schrieb ich auf die von ihm zu unterzeichnende Vollmacht ausnahmslos das Wort »Strafsache« anstelle des ihm vom Staatsanwalt zur Last gelegten »schweren sexuellen Missbrauchs von Kindern«.

Genau deswegen war Herr Grau nämlich festgenommen worden. Die bei der Erstürmung seines Hauses angetroffene »Sklavin« war zu jenem Zeitpunkt dreizehn Jahre alt. Juristisch betrachtet war sie also noch ein Kind, denn alle Personen unter vierzehn Jahren werden vom Gesetz als Kinder definiert. Und anders als mit Jugendlichen darf man mit Kindern unter vierzehn Jahren keinerlei sexuelle Handlungen vollziehen.

Das deutsche Recht kennt in diesem Punkt keine fließenden Grenzen. Dass das Mädchen bei Herrn Graus Verhaftung genau genommen dreizehn Jahre und dreihundertsechzig Tage alt war, spielte daher keine Rolle. Hätte Herr Grau seine illustren Phantasien allerdings erst fünf Tage später umgesetzt, wäre die Sache überhaupt nicht strafbar gewesen, weil das Mädchen dann vierzehn und kein Kind mehr im Sinne des Gesetzes gewesen wäre.

Und nein, entgegen einer weitläufig verbreiteten Meinung, dass Erwachsene erst mit Jugendlichen ab sechzehn Jahren Sex haben dürfen, ist Sex mit wem auch immer – selbst wenn er neunundneunzig und älter ist – ab vierzehn Jahren erlaubt. Einzige Voraussetzung: Zwischen vierzehn und sechzehn Jahren muss der oder die Jugendliche lediglich sexuell erfahren sein.

Nur, sexuelle Erfahrung hin oder her, Herrn Graus »Sklavin« war zum Zeitpunkt ihrer »vertraglichen Pflichten« eben noch dreizehn gewesen, auch wenn sie nur noch fünf Tage bis zu ihrem vierzehnten Geburtstag gehabt hätte und aufgrund ihrer körperlichen Entwicklung auf deutlich älter geschätzt werden konnte.

Fünf Tage trennen im deutschen Recht Freiheit von fünfzehn Jahren Haft. Genauso viel, wie es im Ergebnis für einen Mord geben kann, nur mit sehr ungleichen Verhältnissen in den Lebensumständen während der Gefängniszeit. Dem Mörder mag diese Zeit Umstände bereiten, den Kinderschänder kann sie im Zusammentreffen mit anderen Mithäftlingen unter Umständen das Leben kosten – Mithäftlinge kennen bei Kinderschändern eben kein Erbarmen.

Herr Grau hatte das gerade noch dreizehnjährige Mädchen – wie seine anderen »Sklavinnen« auch – in einem einschlägigen Internetchat kennengelernt. Seit Erscheinen der weltweit bekannten dreibändigen Romanvorlage für seinen Vertrag war es nicht weiter schwer, interessierte Sklavinnen-Anwärterinnen zu rekrutieren. Es war ein regelrechter Hype um das Thema ausgebrochen, und Herr Grau sprang bereitwillig auf diesen Zug auf.

Im Internet hatte er sich zunächst die ersten »notwendigen« Utensilien wie eine Liebesschaukel und Fesselwerkzeuge bestellt. Im Laufe der Zeit und mit zunehmendem Erfolg hatte Herr Grau dann sowohl sein Vertragswerk als auch seine Ausrüstung immer weiter optimiert. Neben einem nachgebauten mittelalterlichen

Pranger war sein ganzer Stolz besagter »Henkersgalgen«, das Sexspielzeug, von dem das minderjährige Mädchen von der Polizei befreit worden war. Den »Henkersgalgen« hatte er sich von einem eigens auf Sadomaso-Bauten spezialisierten Kunstschmied aus Holland nach seiner Maßgabe anfertigen lassen. Kein Schnäppchen. Denn zur Finanzierung dieses extravaganten Utensils hatte sich Herr Grau in erhebliche finanzielle Verpflichtungen begeben und eigens einen Kredit bei seiner Hausbank aufgenommen – freilich unter dem Vorwand, sich ein neues Auto kaufen zu wollen.

Zu Herrn Graus Überraschung waren es gerade Teenager, die besonderes Interesse am Abschluss seines »Sklavinnen-Vertrages« zeigten, den er auf einschlägigen Chat-Portalen interessierten Damen bereitwillig anbot. Aus diesem Grund hatte Herr Grau sich frühzeitig im Internet informiert und gelesen, dass einvernehmlicher Sex mit Teenies über sechzehn Jahren legal und zwischen vierzehn und sechzehn Jahren nur dann strafbar war, wenn man ihre besondere Unerfahrenheit ausnutzte.

Die meisten Teenies, die Herr Grau über die Zeit hinweg rekrutiert hatte, waren aber ohnehin deutlich über sechzehn Jahre alt gewesen. Er hatte auch keine ausgeprägte Vorliebe für besonders junge Mädchen oder gar Kinder. Daher beteuerte Herr Grau mir gegenüber auch durchaus glaubhaft, dass er das Mädchen für deutlich älter gehalten habe. In dem Internetchat, wo er sie unter dem Spitznamen »devote_16« kennengelernt hatte, habe sie sich außerdem als Sechzehnjährige ausgegeben. Ihr Körperbau, ihr Auftreten und ihre ganze Art hätten ihm auch keinerlei Anlass gegeben, das von ihr angegebene Alter anzuzweifeln.

Eine Woche später wurde Herr Grau auf mein Betreiben hin aus dem Gefängnis entlassen. Die Angaben, die er mir gegenüber gemacht hatte, konnten im Zuge der polizeilichen Ermittlungen nicht widerlegt werden.

Im Gegenteil, aus den angeforderten Chat-Protokollen ergab sich der schriftliche Beweis, dass das Mädchen sich getreu Herrn Graus Beteuerungen tatsächlich als Sechzehnjährige ausgegeben hatte.

Unwissenheit schützt eben doch vor Strafe. Denn Straftaten kann grundsätzlich nur derjenige begehen, der um die Tat, die er gerade begeht, auch weiß oder sie bewusst so will. Da Herr Grau aber glaubhaft davon ausgegangen war, mit einer Sechzehnjährigen und nicht mit einer Dreizehnjährigen seine vertraglichen Leidenschaften zu erleben, konnte die Staatsanwaltschaft meinem Antrag auf Aufhebung des Haftbefehls nichts entgegensetzen.

Für Herrn Grau war seine Haftentlassung wie der Beginn eines neuen Lebens, für den Vater des mittlerweile vierzehnjährigen Mädchens wie ein Schlag ins Gesicht. Der Vater konnte es mit seinem Rechtsgefühl nicht vereinbaren, dass Herr Grau sein damals dreizehnjähriges Kind nach allen Regeln des Sklavinnen-Vertrages missbrauchen hatte dürfen, nur weil er der Meinung war, dass das Mädchen älter aussah.

Und just dieser schriftlich fixierte Sklavinnen-Vertrag sollte Herrn Grau dann doch noch zum Verhängnis werden. Schrift ist Gift, lautet ein bekanntes Sprichwort: Möglichst wenig vereinbaren, möglichst nichts schriftlich. Jeder Vertragsjurist wird diese Faustregel bestätigen. Alles andere ist einfach zu leicht beweisbar. Und die minutiösen Schilderungen von Herrn Graus Vertragswerk ließen keine Fragen mehr offen. Dabei waren weder der vereinbarte Gruppensex, die körperlichen Züchtigungen, das Einsperren in die »Blackbox« noch das Einführen diverser Utensilien in diverse Körperöffnungen Herrn Graus Problem.

Sein Problem war ausgerechnet die Klausel, die sich in seinem Vertragswerk unter allen anderen Punkten noch am harmlosesten las. Gemäß »Paragraph 7« hatte er sich nämlich ausbedungen, gemeinsam mit der »Sklavin« von ihm ausgewählte Pornofilme anzusehen. Und der Gesetzgeber stellt das bloße Vorzeigen von pornographischem Material an Minderjährige ohne Ausnahme unter Strafe.

Um das noch einmal klarzustellen: Nach der deutschen Rechtslage darf ein Erwachsener gleich welchen Alters mit einer Person zwischen vierzehn und achtzehn Jahren einvernehmlich Sex haben, von Fesselspielen bis zu den härtesten und schmutzigsten Ausformungen; einen Pornofilm oder anderes pornographisches Material darf er aber einer Person unter achtzehn nicht zeigen. Das ist strafbar und wird mit Geldstrafe oder bis zu einem Jahr Gefängnis geahndet.

Hätte Herr Grau sich selbst vor dem Mädchen nackt »geräkelt« oder wäre einfach direkt zur Sache gekommen, anstatt zuvor einen Pornofilm einzulegen, wäre er straflos davongekommen. Leider hatte das Mädchen bei der Polizei freimütig ausgesagt, welche Filme sie vor der »Therapiestunde« auf seinem großen Plasmafernseher gemeinsam angeguckt hatten. Titel wie »Anal total« oder

»Bananenfick in Mosambik« ließen wenig Interpretationsspielraum zu, um was für »Filme« es sich dabei gehandelt hatte.

So bekam Herr Grau für das Vorzeigen dieser Pornofilme die ganze Härte des Gesetzes zu spüren – stellvertretend für all die anderen »widerwärtigen« Sexualpraktiken, die er mit dem Mädchen durchgeführt hatte und wofür der Richter ihn aus moralischer Sicht auch nur allzu gerne bestraft hätte.

Herr Grau musste zwar nicht ins Gefängnis, das gab der niedrige Strafrahmen des bloßen Verbreitens pornographischer Schriften einfach nicht her. Weil Herr Grau bis dato strafrechtlich noch nie in Erscheinung getreten war, konnte der Richter nicht anders, als ihn »nur« zu einer Geldstrafe zu verurteilen. Dennoch schöpfte der Richter den Strafrahmen voll aus. Die Geldstrafe war exorbitant hoch. So hoch, dass Herr Grau nicht einmal mehr den Kredit für sein »Auto« bedienen konnte. Ein hartes Urteil, denn normalerweise werden Verfahren wegen Vorzeigens pornographischer Schriften an Minderjährige eingestellt – weil die Vorschrift eben so paradox ist.

Nicht lange nach dem Urteil war also der Gerichtsvollzieher ein ständiger Gast bei Herrn Grau. Alles, was auch nur ansatzweise einen kommerzialisierbaren Wert darstellte, wurde gepfändet. Sein Haus, sein Plasmafernseher und vieles mehr. Nur an dem teuren maßgefertigten »Henkersgalgen« des Herrn Grau hatte der Gerichtsvollzieher kein Interesse.

Lust

„Können Sie solche Leute ruhigen Gewissens verteidigen?"
»Haben Ihre Fälle nicht Auswirkung auf Ihr Privatleben?«
Das sind die beiden Fragen, die einem als Strafverteidiger am häufigsten gestellt werden. Dies gilt umso mehr bei mir und meinem Tätigkeitsschwerpunkt für Sexualdelikte: Meistens bleiben es die einzigen beiden Fragen zu meiner Arbeit, ehe der oder die Fragende schnell das Thema wechselt.
Sexualdelikte sind kein gesellschaftsfähiges Thema, die beiden Fragen werden meist auch eher rhetorisch gestellt. Ich merke das an der Betonung, dem Hochziehen der Augenbrauen und dem vorwurfsvollen Blick des Fragestellers. Straftäter haben eben keine Lobby, Sexualstraftäter erst recht nicht, und einer, der diese Leute auch noch verteidigt, kann ja auch nicht viel besser sein – und das, obwohl ich Täter und Opfer gleichermaßen vertrete.
Aber wer nicht fragt, bleibt dumm. Deshalb stelle ich mir diese beiden Fragen auch immer wieder selbst. Am besten geht das nicht etwa vor dem Spiegel, sondern besser gleich im direkten Angesicht des »Bösen«. So zum Beispiel beim Blick auf drei abschließende Mandatsabrech-

nungen, die mir meine Sekretärin zur Prüfung und Gegenzeichnung auf den Schreibtisch gelegt hatte.

Drei verschiedene Strafverfahren gegen drei verschiedene Mandanten, die aber alle drei am Ende eingestellt worden waren. So »böse« konnten die Fälle also gar nicht gewesen sein. Denn ein Strafverfahren kann grundsätzlich nur dann eingestellt werden, wenn ein Freispruch wahrscheinlicher als eine Verurteilung ist oder kein öffentliches Strafverfolgungsinteresse besteht. Daher auch umgangssprachlich »Freispruch zweiter Klasse«. Schließlich könnte in manchen Fällen auch wirklich was an dem eingestellten Vorwurf dran sein, nur ist z. B. der Tatnachweis schwer zu führen oder ein Rechtsgut betroffen, das die Öffentlichkeit nicht interessiert. In einem solchen Fall hat ein schuldiger Täter noch einmal Glück gehabt.

Umgekehrt ist eine Einstellung des Strafverfahrens aber für denjenigen schlecht, der tatsächlich unschuldig ist. Denn auch bei ihm bleibt der Makel des sog. Freispruchs zweiter Klasse und damit der Verdacht anhaften, dass vielleicht doch etwas an der Sache dran war. Und was viele nicht wissen: Den Anwalt muss der Mandant im Falle einer Verfahrenseinstellung selbst bezahlen. Nur im Falle eines richterlichen Freispruchs würde der Staat dafür aufkommen. Und Rechtsschutzversicherungen – sofern man eine hat – schließen üblicherweise Fälle der Strafverteidigung kategorisch aus.

Die Freude der drei Mandanten würde mit dem Posteingang ihrer vor mir liegenden Rechnungen also nicht ganz ungetrübt sein, trotz Verfahrenseinstellung. Andererseits war es in allen drei Fällen um den Vorwurf eines

Sexualdeliktes gegangen. Und bei einem solchen Vorwurf ist einem die Verfahrenseinstellung im Vergleich zu einem sonst für einen Freispruch nötigen öffentlichen Gerichtsverfahren in jedem Fall lieber, koste es, was es wolle.

Nur, meine Frage, die ich mir selbst stellte, war damit noch nicht beantwortet. Konnte ich solche Leute wie diese drei Mandanten wirklich verteidigen? Und welche Auswirkungen hatten sie auf mich? Ich ging die drei Fälle vor meinem inneren Auge noch einmal durch:

Fall 1
Tatverdächtiger: Informatiker, 31 Jahre
Tatvorwurf: Exhibitionismus

Sie als Leser oder Leserin denken jetzt vermutlich an einen dunklen Park und einen zwielichtigen, verklemmten Typen in einem verdächtigen Mantel.

Aber der erste der drei Fälle spielte nicht im Park, und es war auch keine Mutter mit ihren beiden Kindern beteiligt, die fürs Leben schockiert worden wären.

Der Fall begann vielmehr inmitten des regen Nachtlebens, irgendwo zwischen den grell beleuchteten Bars und Diskotheken der Stadt. Und der einunddreißigjährige Informatiker war kein verklemmter Typ im Trenchcoat, sondern ein gutaussehender, charmanter junger Mann, der bei Frauen äußerst gut ankam.

Die große Liebe seines Lebens hatte er aber noch nicht gefunden, er war seit einiger Zeit wieder Single. Auch die attraktive sechsundzwanzigjährige Lehramtsstudentin, die er vor ein paar Stunden angequatscht hatte, war

Single. Die beiden hatten sich sofort gut verstanden. Es wurde spät.

Auf dem gemeinsamen Nachhauseweg von der letzten Bar schoben sie ihre Fahrräder neben sich her. Er sagte nicht nein, als sie ihn noch zu einem Kaffee in ihre Wohnung einlud. Kurze Zeit später lagen sie gemeinsam auf ihrer Couch und küssten sich leidenschaftlich. Sie bot ihm an, bei ihr zu übernachten. Dazu begaben sie sich in ihr Schlafzimmer, immer noch im Kuss vereint.

Aber, im Bett angekommen, hatte nur er Lust auf mehr. Zweimal versuchte er behutsam, seine Hand in ihr Höschen zu führen, aber sie zog seine Hand jedes Mal ruckartig zurück zu ihrem Bauch, den er schon zuvor ausgiebig gestreichelt hatte. Sie hatte wohl doch ganz andere Vorstellungen von »Kaffeetrinken« als er. Natürlich akzeptierte er das und probierte daraufhin auch nichts weiter. Obwohl, er war schon ziemlich heiß auf sie. Sie kuschelten sich eng aneinander und schliefen ein.

Dumpfe Geräusche eines schnellen Raschelns weckten sie am späten Morgen unvermittelt auf. Ein Blick zu ihrer Seite verriet ihr die Quelle des Geräusches: Ihre nächtliche Begleitung onanierte gerade neben ihr, das konnte sie anhand der Bewegungen unter der Bettdecke und den Geräuschen deutlich erkennen. Seine Lust auf sie hatte ihn dann wohl doch übermannt.

Das war jedoch keine Entschuldigung für sie. In Panik griff sie nach ihrem Handy und nach seiner am Boden liegenden Hose. Dann schloss sie sich im Bad ein und wartete dort auf die von ihr verständigte Polizei. Einfach zu gehen hätte dem völlig überraschten jungen Mann nicht viel geholfen. Sein Geldbeutel mit allen Papieren war zusammen mit seiner Hose im Bad eingeschlossen. Also ließ er sich widerstandslos von der Polizei abführen. Die Polizei nahm seine Fingerabdrücke und machte ein Foto von ihm für die Sexualstraftäterkartei. Nach zwei Stunden Polizeigewahrsam ließen sie ihn gehen.

Eigentlich setzt Exhibitionismus zwingend voraus, dass man gegenüber einer anderen Person absichtlich seinen Penis präsentiert und hierdurch ein Ekelgefühl erzeugt. Zumindest Letzteres war eingetreten, und der Polizei reichte das aus. Irgendeine Straftat würde am Ende für diese Sauerei schon hängenbleiben, dachten die Polizeibeamten.

Umso verärgerter müssen sie gewesen sein, als ich nur wenige Wochen später die Löschung der von meinem Mandanten gefertigten Fotos und gespeicherten Daten bei der Polizei verlangte. Unter der Bettdecke hatte die nächtliche Begleitung meines Mandanten seinen Penis schließlich nicht sehen können, ergo lag auch kein Exhibitionismus vor.

Fall 2
Tatverdächtiger: Student, 22 Jahre
Tatvorwurf: Vergewaltigung

Im Film findet eine Vergewaltigungsszene oft im Dunkeln statt. Durchs Bild läuft ein dunkel gekleideter Mann, der einer Frau an einer menschenleeren Tiefgarage oder Bahnstation auflauert.
In der Realität sind solche Settings für Vergewaltigungstaten aber die Ausnahme. Die meisten Vergewaltigun-

gen werden im Rahmen von Beziehungen und flüchtigen Bekanntschaften angezeigt. So auch diese. Auch sie nahm ihren Anfang im Nachtleben, mit der Begegnung von zwei Menschen, die sich zunächst auf Anhieb sympathisch waren.

Der zweiundzwanzigjährige Medizinstudent hatte die achtzehnjährige Abiturientin in einer typischen Studentenkneipe kennengelernt. Die zwei waren an der Bar schnell miteinander ins Gespräch gekommen. Er hatte sie vor allem mit seinen Erzählungen von seinem »Präp-Kurs« begeistert: Dort werden unter den strengen Blicken des Professors Leichen »präpariert«, oder besser gesagt: fachgerecht zerlegt. Die beiden lachten viel, tranken zusammen ein paar Bier.

Noch am selben Abend nahm sie den Studenten mit zu sich in die elterliche Wohnung. Schon in der Bar hatte sie ihm verheißungsvolle Worte ins Ohr geflüstert. Im Taxi kam es bereits zu ersten Küssen und zaghaften Berührungen über ihrer Bluse und in seinem Schritt.

Zu Hause angekommen, führte sie ihn gleich in ihr Zimmer, die Eltern sollten von dem nächtlichen Männerbesuch nichts mitbekommen. Ihr Vater hatte Herrenbesuch nach zwanzig Uhr strengstens untersagt. Ein bisschen unwohl war dem Studenten deshalb schon, aber er hatte richtig Lust auf das hübsche Mädchen, das ihm den ganzen Abend über den Kopf verdreht hatte. Die Angst vor dem strengen Vater war schnell verdrängt.

Was der junge Student nicht wusste: Das Mädchen hatte inzwischen keine Lust mehr auf Sex. Zu groß war jetzt doch ihre Angst, der Vater würde den jungen Mann in ihrem Schlafzimmer entdecken. Wenn sie sich ruhig verhielten – so dachte sie –, dann würde der verbotene Besuch unbemerkt bleiben. Zum Ausdruck gebracht hatte sie diese Überlegungen dem Studenten gegenüber allerdings nicht. Sie wollte ja auch nicht unhöflich sein, und er war ja schon den ganzen weiten Weg mit dem Taxi mitgekommen.

Sie blieb weiter höflich und lächelte ihn über die Schulter hinweg an, als sie sich beide zusammen in ihr Bett kuschelten und er sich auf der Seite liegend dicht an sie herandrückte. Dann schaltete sie das Licht aus – um zu schlafen.

Durch ihre Schlafanzughose hindurch konnte sie deutlich seinen erigierten Penis an ihrem Po spüren. Der junge Mann neben ihr war attraktiv, keine Frage, das sollte sie bei der Polizei auch mehrfach betonen, doch Sex wollte sie jetzt auf keinen Fall mehr. Deshalb erwiderte sie auch seine zärtlichen Nackenküsse nicht. Sie blieb einfach regungslos auf der Seite liegen, auch als der Student ihr die Schlafanzughose ein Stück herunterzog, sie sanft zu sich drehte und sich auf sie legte. Sie rührte sich nicht, machte keinen Mucks. Es würde nur ihren Vater aufwecken, und außerdem würde der Student gleich aufhören, wenn sie sich weiter passiv verhielte – dachte sie, während er in sie eindrang. Bereits nach einigen wenigen schnellen Stoßbewegungen kam er zum Orgasmus.

Seine Frage, ob er denn jetzt auch noch etwas Gutes für sie tun könne, strafte sie mit einem zischenden »Pssssst« ab und drehte sich um. Beide schliefen ein.

Zwei Tage später wurde der Student von der Polizei aus seinem Präp-Kurs heraus vor den Augen des strengen

Professors verhaftet. Das Mädchen hatte auf Anraten ihrer besten Freundin Anzeige wegen Vergewaltigung gegen ihn erstattet. Schließlich hatte sie schlafen wollen und dies auch deutlich zum Ausdruck gebracht, indem sie sich nicht bewegt habe und überdeutlich passiv geblieben war. Der Sex sei also gegen ihren Willen geschehen.

Die verzweifelten Beteuerungen des Studenten, dass das Mädchen ihm ihren Unwillen in keiner Weise signalisiert und er ihr ja – nachdem er gekommen war – sogar noch gerne zum eigenen Orgasmus verholfen hätte, verbesserten seine Situation nicht. Er wurde in die Haftzelle gebracht. Nach Ansicht der Polizei und Staatsanwaltschaft bestand dringender Tatverdacht, immerhin hatte er den Geschlechtsverkehr ja auch bereits gegenüber der Polizei zugegeben.

Erst am darauffolgenden Nachmittag konnte der Student auf meine Intervention hin die Haftzelle wieder verlassen.

Der Staatsanwältin blieb trotz ihrer moralischen Bedenken und ihrer offenkundigen Solidarisierung mit dem Mädchen keine andere Wahl. Eine Vergewaltigung im Rechtssinne lag nicht vor: Weder hatte der Student beim Sex Gewalt verübt noch mit Gewalt gedroht oder eine schutzlose Lage ausgenutzt. Zudem hatte er ja noch nicht einmal bemerkt, dass das Mädchen lieber hatte schlafen wollen. Sie hatte auch nicht »Nein« gesagt. Vielmehr hatten für ihn die einvernehmlichen Zärtlichkeiten im Taxi eine deutliche Sprache gesprochen, wie es im Schlafzimmer weitergehen sollte. Ein klarer Fall eigentlich.

Da es auch die höchstrichterliche Rechtsprechung so sieht, dass schon angesichts des hohen Strafmaßes bei einer Vergewaltigung ein entgegenstehender Wille klar zum Ausdruck kommen muss, wurde das Strafverfahren letztlich eingestellt. Dennoch hat mein Mandant sein Medizinstudium hingeschmissen. Trotz Verfahrenseinstellung war es ihm nach der öffentlichen Festnahme im Hörsaal einfach zu peinlich, sich dort je wieder blicken zu lassen.

Fall 3
Tatverdächtiger: Maschinenbauingenieur, 28 Jahre
Tatvorwurf: Sexueller Missbrauch Widerstandsunfähiger

Unter dem Tatvorwurf »sexueller Missbrauch widerstandsunfähiger Personen« können sich viele oftmals wenig vorstellen. Vereinfacht gesagt setzt eine Vergewaltigung im juristischen Sinne zumindest voraus, dass das Opfer theoretisch in der Lage wäre, seinen entgegenstehenden Willen zum Ausdruck zu bringen und Widerstand zu leisten.
Um auch Täter angemessen bestrafen zu können, deren Opfer dazu nicht mehr in der Lage sind – zum Beispiel, weil sie mit sogenannten K.o.-Tropfen gefügig gemacht wurden –, gibt es neben der Vergewaltigung den Straftatbestand des »sexuellen Missbrauchs Widerstandsunfähiger«. Das gesetzliche Strafmaß ist aber dasselbe.
K.o.-Tropfen kamen in diesem dritten Fall allerdings nicht zum Einsatz, auch wenn der Maschinenbauingenieur und die Architektin bei ihrem Kennenlerntreffen

zahlreiche Drinks zusammen leerten. Die beiden waren aber auch sonst gar nicht ungleich. Beide sehr selbstbewusst, im gleichen Alter, gut verdienend, gut aussehend und generell gut dabei, was den Alkohol anging.

Nach noch mehr Alkohol, noch mehr oberflächlichem Geplänkel über die gemeinsamen sexuellen Vorlieben und dem ersten Austausch von Zärtlichkeiten ober- und unterhalb der Gürtellinie torkelte das Pärchen zur Wohnung der Architektin.

Im Schlafzimmer angekommen, kamen die zwei sofort zur Sache. Sie zogen sich gegenseitig aus, küssten sich wild und leidenschaftlich. Sie legte sich nackt auf die Seite ins Bett und streckte ihrem sichtlich erregten Gast ihren Po entgegen. Ein klares Signal, dachte sich der pragmatische Maschinenbauingenieur und ging deshalb noch schnell ins Badezimmer, um nach Kondomen Ausschau zu halten.

Aufgrund seiner mangelnden Ortskenntnisse in der fremden Wohnung blieb diese Suche jedoch ergebnislos. Bei seiner Rückkehr lag die Architektin weiterhin nackt auf dem Bett, ihren Po unverändert in einladender Pose ihm entgegengestreckt. Deshalb entschloss er sich in seinem betrunkenen Zustand kurzerhand dazu, auf ein Kondom zu verzichten und ausschließlich Analverkehr mit der heißen Architektin zu haben. Seine Angst vor einer ungewollten Schwangerschaft war für ihn damit verbannt.

Was er nicht wusste: Aufgrund der vielen Drinks und eines berufsbedingten Schlafdefizits war die übermüdete Architektin mittlerweile eingeschlafen.

Der unerwartete Schmerz des ersten Eindringens in ih-

ren Po ließ sie schlagartig wieder aufwachen. Von dem unerwarteten Schmerzreiz noch geschockt, aber überraschend geistesgegenwärtig verwies sie den Mann lauthals der Wohnung. Als er am nächsten Morgen an ihrer Haustür klingelte, um sich für den missglückten Abend zu entschuldigen, lief er der Polizei geradewegs in die Hände.
Sechs Monate später wurde er von einer Richterin erstinstanzlich zu zwei Jahren Haft (ohne Bewährung) wegen sexuellen Missbrauchs Widerstandsunfähiger verurteilt. Es dauerte noch weitere sechs Monate, ehe das Gericht zweiter Instanz meiner Argumentation folgend zu einem anderen Ergebnis kam. Das Verfahren gegen ihn wurde eingestellt, weil man seine Schuld als zu gering ansah. Der vorsitzende Richter quittierte es noch mit den Worten, dass selbst er als Richter nicht ausschließen könne, dass auch ihm, dem Richter, privat so etwas hätte passieren können.
Ganz schön ehrlich, dachte ich mir, auch wenn ich mich darüber ärgerte, dass meinem Mandanten dennoch eine Schmerzensgeldzahlung von immerhin 5000 Euro an die Architektin zur Auflage gemacht wurde. Die Staatsanwältin hätte der Verfahrenseinstellung sonst nicht zugestimmt. Eine weitere Gerichtsverhandlung wollte der Maschinenbauingenieur aber auch nicht ertragen.

Ich unterzeichnete die drei Rechnungen.
»Ja, ich kann solche Leute verteidigen.«
»Ja, solche Fälle haben Auswirkungen auf mein Privatleben, denn von One-Night-Stands kann ich nur abraten.«

1000

Es stimmt. Ich hatte Sex mit anderen Männern – sehr viel Sex. Am Anfang waren es nur einzelne One-Night-Stands. Es war sehr einfach, über das Internet abenteuerlustige Männer zu finden, die selbst nur auf der Suche nach einer heißen Affäre waren.

Ich traf sie in Hotels, im Auto, an entlegenen Plätzen oder auch in ihren Wohnungen, wenn ihre Partnerin gerade außer Haus war. Mit der Zeit traute ich mich auch, meine Wünsche und Phantasien ganz offen zu äußern und die Männer nach meinen Vorlieben auszuwählen. Am liebsten waren mir die, die sich mit mehreren Männern gleichzeitig daten ließen. Nach etwas Alkohol fielen alle Hemmungen. Meist waren es zwei oder drei Männer, die dann abwechselnd oder auch gleichzeitig mit mir Sex hatten.

An Interessenten mangelte es nie. Einer dieser Bekanntschaften lud mich dann erstmals zu einer Veranstaltung ein, die er ›Die Party‹ nannte. Dort sah ich, wie eine Frau umringt von zwanzig bis dreißig Männern am Boden lag und von jedem dieser Männer genommen und mit Sperma besudelt wurde. Es ging dabei letztlich darum, mit so vielen Männern wie möglich Sex zu haben. In diesem Moment wusste ich: Ich will das auch. Es war ein Verlangen, das ich so noch nie zuvor in meinem Leben verspürt hatte.

Die ›Partys‹ waren immer gut besucht, schnell machte ich mir in der Szene einen Namen. Es kamen jedes Mal bis zu fünfzig Männer, die alle nur das eine wollten: mich in allen erdenklichen Stellungen und Körperöffnungen zu nehmen.

Für mich war es wie eine Sucht. Nachdem ich mit diesen ›Partys‹ angefangen hatte, konnte ich nicht mehr aufhören. Sie fanden immer an den Wochenenden statt, meist von Samstag auf Sonntag, mal in eigens angemieteten Clubs, mal bei wohlhabenden Männern zu Hause. Ich wollte kein Geld dafür nehmen, auch wenn viele sehr gut bezahlt hätten. Mir genügte es, dass die Männer mich begehrten, mich mit ihren Blicken auszogen. Sie waren wie Tiere, die nur noch auf ihren Trieb reduziert danach lechzten, endlich über mich herzufallen. Es hat mir einfach gefallen, wie sie mich ansahen, wie sie sich gegenseitig musterten, wie sie sich fragten, wer wohl der Bessere von ihnen sei, wer mich zuerst nehmen dürfte, wer es mir am besten besorgen würde. Es hat mir gefallen, wie ein Objekt behandelt zu werden, nur auf meinen Körper reduziert zu werden.

Es wurde zu einem wöchentlichen Ritual, das mein Leben immer stärker bestimmen sollte. Zu Beginn jeder ›Party‹ befahl ich den Männern, sich in einem Kreis um mich aufzustellen. Während ich mich dann auf einer in der Mitte des Kreises befindlichen Matratze leicht bekleidet räkelte, mich langsam auszog und den umherstehenden Männern meinen Körper und dessen Öffnungen präsentierte, mussten sie sich selbst befriedigen. Wer zuerst auf mir zum Orgasmus kam, durfte später auch als Erster mit mir schlafen, während die anderen Män-

ner dabei zusehen mussten. Je mehr Männer es waren, desto mehr törnte es mich an. Sobald der erste Mann mit mir fertig war, durfte der mit mir schlafen, der als Zweiter auf mir gekommen war, und so weiter. Zum Abschluss durften sie sich dann alle gleichzeitig von mir nehmen, was auch immer sie wollten. Die meisten machten zwar schon nach dem ersten Geschlechtsverkehr mit mir schlapp und sahen nur noch zu, wie es mir die anderen besorgten, aber auch das törnte mich an. Weitere Regeln gab es nicht, die Männer durften mit mir machen, was ihnen in den Sinn kam. Und das wollte ich auch so: Je härter sie es machten, umso besser.
Über die Zeit hinweg waren es bestimmt an die tausend Männer, mit denen ich Sex hatte. Ich habe aber immer auf Verhütung mit Kondomen bestanden. An partywilligen Männern mangelte es trotzdem nicht. Noch ehe die eine ›Party‹ vorbei war, hatte ich schon mindestens zwei oder drei Einladungen für eine weitere ›Party‹. Ich nahm jede Einladung an.
Meinem Mann habe ich von alldem nichts erzählt. Ob er davon etwas wusste, weiß ich nicht. In den letzten Jahren unserer Beziehung lebten wir ohnehin mehr nebeneinanderher als miteinander. Er hatte meine Phantasien leider nie bedienen und mich auch nicht richtig befriedigen können.
Am Anfang der Beziehung dachte ich, meine körperlichen Wünsche der Liebe und Leidenschaft wegen zurückstellen zu können. Ich hatte mich auch die ersten Jahre nicht getraut, meine geheimen Phantasien offen zu äußern. Ich begnügte mich mit meinen Träumen und hin und wieder mit Selbstbefriedigung. Später dann hat-

ten wir es einmal meinem Wunsch entsprechend ausprobiert, dass er mich ans Bett fesselt, eine Sturmhaube aufzieht und so tut, als würde er mich vergewaltigen. Er sträubte sich, aber ich hatte es mir als mein Geburtstagsgeschenk gewünscht. Doch schon nach wenigen Minuten hörte er abrupt auf, riss sich die Sturmhaube vom Kopf und legte sich wütend neben mich. Er konnte nicht. Es war einfach nicht sein Ding.
Überhaupt war ihm Sex nicht sonderlich wichtig. Wenn, dann musste es phantasieloser Standardsex sein. Ein bisschen Missionarsstellung, ein oder zwei Mal im Monat. Das genügte ihm. Mir nicht.«

Totenstille im gut besuchten Gerichtssaal. Kein Geräusch, kein Aktenblättern, kein Getuschel aus dem Zuschauerraum. Alle Blicke waren auf die attraktive blonde Frau gerichtet, die jetzt scheu zu Boden sah.
Eine solche Beichte hatte bisher wohl keiner der Anwesenden gehört, von ihrem Mann ganz zu schweigen. Er saß als Nebenkläger zwischen dem Staatsanwalt und seinem Anwalt, gegenüber meiner Mandantin und mir. Die Fassungslosigkeit über das, was sie da gerade erzählt hatte, stand ihm ins Gesicht geschrieben.
Für den eigentlichen Tatvorwurf war ihre Aussage aber letztlich nicht von Belang gewesen. Dass sie Sex mit mindestens einem anderen Mann gehabt hatte, stand bereits vor der Gerichtsverhandlung fest. Fest stand auch, dass einer der beiden Ehepartner den anderen mit dem HI-Virus angesteckt hatte, das hatte ein virologisches Gutachten ergeben, das die Viren meiner Mandantin mit denen ihres Ehemannes verglichen hatte.

Ihr Mann sollte später aussagen, er habe lange die einzige Möglichkeit, sich mit dem Virus bei seiner eigenen Ehefrau infiziert zu haben, verdrängt. Anlässlich einer Blutspende hatten die Ärzte festgestellt, dass er HIV-positiv war. Zunächst habe er es einfach nicht wahrhaben wollen. So lange, bis er seine Frau bei einem Schäferstündchen mit dem Nachbarn in flagranti erwischt hatte. Im gemeinsamen Bett, in der gemeinsamen Wohnung.
Daraufhin hatte er sie angezeigt. Wegen gefährlicher Körperverletzung, weil sie ihn mit dem HI-Virus angesteckt haben soll.
In den achtziger Jahren gab es noch ernsthafte Erwägungen, Ansteckungen mit HIV als Tötungsdelikte zu verfolgen. Doch seitdem der Krankheitsverlauf medikamentös zu hemmen ist, ist das rechtlich nicht mehr möglich, auch wenn die Lebenserwartung mit der HIV-Ansteckung dennoch erheblich verkürzt wird. Im Ergebnis bleibt es ein Todesurteil.
Der eigentliche Grund für seine Anzeige war aber ohnehin seine Eifersucht. Er wollte seine Frau nicht teilen. Er war immer noch sehr eifersüchtig, das sollte sogar ich den ganzen Prozess über zu spüren bekommen. Jeden fragenden Blick, den meine Mandantin an mich richtete, jede Geste in den Verhandlungspausen auf dem Gerichtsflur, überhaupt jedes noch so belanglose Gespräch mit anderen Männern beäugte er argwöhnisch. Und das, was er soeben erfahren hatte, ließ ihn seinen starren Blick überhaupt nicht mehr von ihr nehmen.
Man merkte ihm seinen Hass, seine Wut, seine Rage und seine Unbeherrschtheit an. Es kochte förmlich in ihm. Er wollte Vergeltung, und sei es nur durch ein gericht-

liches Urteil, das ihm schriftlich attestierte, was sie ihm aus seiner Sicht angetan hatte.

Meine Mandantin hatte stets abgestritten, dass sie ihn mit dem HI-Virus infiziert hatte. Immerhin hatte sie – außer bei ihrem eigenen Ehemann – ja immer mit Kondomen verhütet. Und schließlich war umgekehrt nicht auszuschließen, dass auch er sie mit dem Virus infiziert haben könnte. Auch ihr Mann habe im Laufe ihrer Ehe ein paar unspektakuläre Affären gehabt, zumindest behauptete sie das.

Einen Beweis dafür, dass auch er untreu gewesen war, konnte sie nicht erbringen. Wer kann das schon.

Das Gericht hatte seine Zweifel. Schließlich sei es nicht auszuschließen, dass auch der Mann fremdgegangen sein und sich dabei mit dem HI-Virus angesteckt haben könnte. Und im Zweifel gilt es, für den oder die Angeklagte(n) zu entscheiden. Das Gericht sprach meine Mandantin frei.

Den wüsten Beschimpfungen des Ehemannes nach dem Urteil, ich »solle besser auch mal einen HIV-Test machen«, schenkte ich keine Beachtung.

Berufliches und Privates trenne ich strikt.

Stadt, Land, Sex

Amina war eine attraktive junge Frau, achtzehn Jahre alt und vor elf Jahren mit ihren Eltern aus Afghanistan über Umwege in eine deutsche Großstadt geflüchtet. Und obwohl die Umstände für die ganze Familie äußerst widrig gewesen waren, hatte Amina bereits mehr erreicht, als ihre Eltern sich hätten erträumen lassen. Mit dem Abi in der Tasche und einem Bescheid für einen Studienplatz im Bereich Medienwissenschaften standen für Amina alle Vorzeichen auf »Los«. Grund genug also, zusammen mit ihrer besten Freundin Claudia am Abend um die Häuser zu ziehen und auf das neue Leben anzustoßen.

Nur eine knappe halbe Stunde von Aminas Wohnung entfernt machten sich auch Philip, Toni und Andi auf den Weg ins deutlich beschaulichere Nachtleben ihrer 8000-Seelen-Gemeinde auf. Die drei Freunde kannten sich bereits aus der Grundschule und waren seither unzertrennlich. Selbst als Philip achtzehn Monate als Panzergrenadier bei der Bundeswehr in Afghanistan war, hatte sich nach seiner Heimkehr nichts geändert. Jeden Freitag trafen sich die drei Jungs zwischen acht und neun Uhr zum »Vorglühen« abwechselnd in einer ihrer Wohnungen, um dann mit ordentlich Kraftstoff im Tank in die nahe gelegene Dorfdisco »A-Das« zu gehen und dort beim Aufeinandertreffen mit anderen altbekannten Gesichtern ordentlich weiterzubechern. Aber sosehr die drei Mittzwanziger ihrem juvenilen Freitagshobby nicht abschwören wollten, sie hatten alle etwas im Leben erreicht: Philip war Zeitsoldat und hatte erst vor kurzem die Einstellungsprüfung zur Offizierslaufbahn bestanden. Toni war KFZ-Meister bei einem großen Automobilhersteller und verdiente dabei mehr als sein Vater, der studiert hatte. Und Andi, der in der Schule schon immer das Sorgenkind gewesen war und jedes Jahr aufs Neue um die Versetzung hatte bangen müssen, hatte sein Hobby zum Beruf gemacht und war Fluglehrer am ortsansässigen Flugplatz geworden, einer der jüngsten Fluglehrer deutschlandweit.

Der wuchtige Faustschlag traf Amina völlig überraschend. Sie stürzte zu Boden. Den Angriff hatte sie überhaupt nicht kommen sehen. Eine halbe Stunde zuvor hatte sie noch an der Bar des gut besuchten Szene-Clubs gestanden, wo sie und ihre Freundin von dem Stürmer eines bekannten Fußball-Bundesligisten angesprochen und auf eine Flasche Champagner zum Ladenpreis von 600 Euro eingeladen worden waren.
Der Fußballer hatte sich schnell für Claudia entschieden, so dass Amina die beiden an der Bar zurückgelassen hatte. Kurz darauf machte sie Bekanntschaft mit Marios. Mit seinem charmanten Lächeln, den breiten Schultern, der schwarzen Lederjacke, der eng sitzenden Jeans, seinen vollen schwarzen Haaren und dem markanten Dreitagebart fand Amina Marios von Anfang an

sympathisch und attraktiv. Deshalb war sie nach zwei gemeinsamen Cocktails auch seinem Vorschlag unbedarft gefolgt, aus dem Szene-Club in eine ruhigere Bar zu wechseln, um sich jenseits lauter Clubmusik besser unterhalten zu können. Der kleine Umweg mit dem Taxi über Marios' Wohnung – er wollte eine andere Jacke holen – weckte in Amina keinen Argwohn. Auch als er sie fragte, ob sie noch kurz mit ihm nach oben kommen wolle, hatte sie sich nichts weiter gedacht. Schließlich hatte Marios dem Taxifahrer zehn Euro extra zugesteckt und ihn gebeten, auf sie zu warten, da sie gleich wieder zur Bar weiterfahren wollten. Außerdem wohnte Marios in einer WG. Also »alles easy«, hatte sie noch gedacht, als er seine WG-Zimmertür geöffnet hatte, um ihr seine verhältnismäßig luxuriöse Behausung zu zeigen.

Zwischenzeitlich waren Philip, Andi und Toni in ihrer Stammdisco »A-Das« angekommen, einer Holzhütte am Fuße der Berge. Das »A-Das« war allseits dafür bekannt, einzige Alternative zu der Fahrt in die angrenzende Großstadt zu sein, wollte man auch noch nach zweiundzwanzig Uhr auf Menschen treffen.
Die drei Jungs hatten wie sonst auch um diese Zeit schon gut einen sitzen. Viel Alkohol und möglichst eine Frau mit nach Hause nehmen, das waren die selbsterklärten Ziele solcher Abende. Philip scheiterte selten an diesen Zielen. Bereits bei den letzten beiden Partybesuchen im »A-Das« hatte Philip einschlägigen Erfolg nicht nur beim Alkoholpegel gehabt, sondern war auch am nächsten Morgen nicht alleine in seinem Bett aufgewacht. Seine Masche war simpel, aber erfolgreich: Hin und wieder

verließ er das »A-Das« für ein obligatorisches Zigarettenpäuschen vor dem Eingang und bot umstehenden Mädels eine Kippe an. Es folgte ein bisschen Small Talk, dann Rumknutschen und im Anschluss meist der Gang zu Fuß in seine kaum fünfzehn Minuten entfernte Wohnung.
Toni und Andi waren normalerweise kaum weniger erfolgreich. Anstelle des freimütigen Anbietens von Zigaretten beschränkten die beiden sich auf das großzügige Ausgeben von Getränken – meist Bier. An diesem Abend hatten sie allerdings kein Glück gehabt – vermutlich hatten sie einfach zu tief ins letzte Glas geguckt.
Bei Philip hingegen lief es auch diesmal wieder wie am Schnürchen: Es hatte nicht lange gedauert, und er war mit Jenny ins Gespräch gekommen. Auch wenn Jenny ehrlich gesagt nicht seine erste Wahl gewesen war und im Vergleich zu Philips Attraktivität eher verblasste, sie war zumindest schnell entschlossen gewesen, mit ihm den Heimweg zu seiner Wohnung anzutreten. Schon auf dem Weg dorthin hatten beide ihre Hände in der Hose des jeweils anderen.

Noch ehe sich Amina von dem Faustschlag sammeln konnte, riss Marios sie an ihren Haaren, packte sie und schleuderte sie auf sein Designerbett. Weg war sein aufgesetzter Charme. Er starrte sie mit eiskalten hasserfüllten Augen an. »Wenn du schreist, wird keiner dein schönes Gesicht mehr wiedererkennen«, drohte er ihr. Dann ging alles sehr schnell.
Er schob ihr Kleid nach oben, ihr Höschen beiseite und seinen Finger grob und tief in sie hinein. Dann öffnete er

seine Hose und zog den Gürtel aus seiner stylischen Jeans. Er packte seinen erigierten Penis aus. Als sie ihre Beine fest aneinanderpresste, um ihn am Eindringen zu hindern, schlug er seinen Ledergürtel mit zwei wuchtigen Hieben direkt neben ihr Gesicht. Sie wehrte sich nicht mehr.

Dass es Aminas erstes Mal war, merkte Marios nicht. Es hätte ihn aber auch nicht sonderlich gestört. Als er nach seinem Orgasmus das durch die Entjungferung verschmierte Blut in seinem Bett bemerkte, wurde er wütend. »Hoffentlich hast du mir meine teure Matratze nicht ruiniert«, hatte er sie noch angefahren, ehe er ihr befahl, sich im angrenzenden Bad zu waschen. Weil er anhand des Fernsehgeräusches aus dem Nebenzimmer bemerkt hatte, dass auch einer seiner Mitbewohner in der WG anwesend war, begleitete er Amina. Dass sie sich deshalb ruhig zu verhalten habe, musste Marios ihr nicht mehr groß erklären.

Amina hatte keine Zweifel, dass Marios seine unausgesprochenen Drohungen ernst meinte. Sie folgte ihm schweigend ins Badezimmer.

Bei Philip zu Hause kam Jenny rasch zur Sache. Sie hatte sich schneller ausgezogen, als er die Haustür schließen, seine Jacke ablegen und seine Schuhe beiseitestellen konnte.

Gerade als Jenny dazu ansetzte, Philips Penis mit ihrem Mund zu umschließen, um ihn oral zu befriedigen, klingelte es an der Haustür. Philip musste nicht lange drüber nachdenken, wer das um diese Zeit nur sein konnte. Er zögerte kurz.

Jenny grinste ihn neckisch an: »Erwartest du noch jemanden?«
Was hätte Philip tun sollen, es waren nun mal seine besten Freunde, also ließ er sie rein.
Dass dies der größte Fehler ihres Lebens werden würde, ahnte keiner der drei zu diesem Zeitpunkt. Jenny hatte sich gerade noch ihren Pullover und ihr Höschen wieder anziehen können, als Toni und Andi grölend die Wohnung betraten. Philip begrüßte die Jungs per Handschlag, dann ging er kurz in die Küche, um ein paar schnelle Drinks für die Runde zu mixen.
Als er mit den Drinks zurückkam, sah er Jenny mit Andi wild herumknutschen, während Toni seinen Kopf zwischen Jennys Beinen hatte und sie oral befriedigte. Noch ehe Philip wusste, wie er reagieren sollte, signalisierte ihm Jenny mit ihrem Zeigefinger, dass auch er dazukommen und mitmachen solle. Philip stellte die Getränke ab und tat, wie ihm von Jenny geheißen.

Auf dem Rückweg vom Bad konnte sich Amina überraschend von Marios losreißen. Lauthals um Hilfe schreiend, stürmte sie in das Zimmer, aus dem die Fernsehgeräusche kamen.
Marios' Mitbewohner Sancho, der leider infolge massiven Marihuanakonsums leicht apathisch vor dem Fernseher vor sich hin döste, war sicher nicht der Retter in der Not, den sich Amina in dieser Situation gewünscht hatte. Die Reaktion von Sancho war gelinde gesagt verhalten, als Amina von Marios mit roher Gewalt an den Haaren zurück in sein eigenes Zimmer gezogen wurde. Mit entrundeten Pupillen verfolgte Sancho ziemlich re-

gungslos das, was Marios gerade mit Amina anstellte. Als Marios' Zimmertüre wieder ins Schloss fiel und Amina den ersten wuchtigen Gürtelhieb auf ihrem Oberschenkel verspürte, war sie sich sicher, dass ihre Qualen jetzt erst ihren Anfang nehmen sollten.

Wie viele »Runden« es letztlich waren, in denen jeder einmal mit Jenny Sex gehabt hatte, wusste am nächsten Morgen keiner mehr. Zu viel Alkohol hatten die vier zwischendrin immer wieder nachgetrunken, und die von Andi kunstfertig gebauten Joints, die reihum gegangen waren, hatten ihr Übriges dazugetan. Jenny war als Erste ausgestiegen, also zumindest geistig, denn zum Schluss hin mussten die drei Jungs ihren regungslosen Körper positionieren und festhalten, um noch eine letzte »Runde« Geschlechtsverkehr mit ihr zu haben, ehe auch Andi, Toni und Philip endgültig schlappmachten und auf dem Fußboden verteilt einschliefen.

Ich wollte mir nicht ausmalen, wie die Sache für Amina hätte ausgehen können. Sie erzählte mir bei unserer ersten Besprechung, dass sie gedacht hatte, es nur zu träumen, als Sancho plötzlich beherzt Marios' WG-Zimmertür eingetreten und Amina damit vor weiteren Faustschlägen und Gürtelhieben bewahrt hatte. Die von Sancho verständigte Polizei nahm Marios nur wenige Minuten später fest. Amina kam ins nächstgelegene Krankenhaus.

Auch Philip und seine beiden Freunde wurden nahezu zeitgleich von der Polizei festgenommen. Wer überhaupt auf die Idee gekommen war, die nächtliche Sex-Orgie mit Jenny auf einer Handykamera zu filmen, keiner konnte es mehr sagen. Für Jenny war es jedenfalls der Grund gewesen, die Jungs bei der Polizei anzuzeigen. Nach dem Aufwachen hatte sie das Video mit der Sex-Orgie auf einem der umherliegenden Handys entdeckt. Eigentlich hatte sie nur kurz auf die Uhrzeit im Display sehen wollen.

Im Gegensatz zu Marios, gegen den sofort Haftbefehl wegen Vergewaltigung erlassen worden war, wurden Philip, Toni und Andi nach zwei Stunden wieder freigelassen. Auf dem sichergestellten Video konnten die Kriminalbeamten keine Straftat erkennen. Jenny hatte bei den zugegeben harten Sexualpraktiken, die die Beamten auf den Handyvideos zu sehen bekamen, freiwillig mitgemacht – zumindest dem äußeren Anschein nach, schließlich gab sie hin und wieder deutliche Stöhngeräusche und auch diverse Kraftausdrücke von sich.
Der zuständige Oberstaatsanwalt sah das anders. Er sah es ähnlich wie Jennys Onkel, ein mit dem Staatsanwalt befreundeter Richter aus dem Nachbarbezirk, der seinen Freund umgehend kontaktiert hatte. Eine Woche später wurde daher auch gegen die drei Jungs Haftbefehl erlassen – wegen des dringenden Tatverdachts des sexuellen Missbrauchs Widerstandsunfähiger.

Rein rechtlich saßen Marios und die drei Jungs vom Land im selben Boot. Auf Vergewaltigung stehen bis zu fünfzehn Jahre Haft, auf den sexuellen Missbrauch Wi-

derstandsunfähiger auch. Denn Letzterer findet ja – ähnlich der Vergewaltigung – auch gegen bzw. ohne den Willen des Opfers statt, weil das Opfer im Zustand der Widerstandsunfähigkeit nicht mehr in der Lage ist, zu äußern, ob es Sex haben will oder nicht.
Nur mein inneres Rechtsgefühl sprach doch eine deutlich andere Sprache.
Bei Marios war die Sache klar. Er hatte Amina brutal vergewaltigt. »Für Sex gibt's sechs«, lautet ein weit verbreitetes Sprichwort unter Strafrichtern, wenn es um die Frage des Strafmaßes für Vergewaltigung geht.
Und tatsächlich liegt der Regelstrafrahmen für die Art von Vergewaltigung, die Marios begangen hatte, in vergleichbaren Fällen bei sechs Jahren Haft.
Um diese Strafe etwas abzumildern, bietet das Strafrecht zwar noch die Möglichkeit eines sogenannten »Täter-Opfer-Ausgleichs«, das heißt der Täter kann einen seiner Leistungsfähigkeit entsprechenden Geldbetrag an das Opfer bezahlen und hat dann die Aussicht auf eine Strafmilderung. Meist fällt die Strafe aber dann »nur« um ein gutes Viertel geringer aus, im Falle von Marios, der Amina 15 000 Euro überwiesen hatte, wären es dann anstelle der zu erwartenden sechs Jahre immer noch viereinhalb Jahre.
Auch das ist noch eine ordentliche Zeit, in der sich ein Vergewaltiger bewusst machen kann, was für ein schlimmes Verbrechen er begangen hat. Und viereinhalb Jahre Knast nebst 15 000 Euro würden Amina zumindest ein Stück weit Genugtuung bescheren. Das Rechtsgefühl wäre also im Ergebnis einigermaßen im Lot.
Amina, die mich mit ihrer anwaltlichen Vertretung be-

auftragt hatte, sah das genauso. Hauptsache, sie konnte alles bald vergessen und würde nicht mehr mit der Sache behelligt werden, das war ihr größter Wunsch.

Bei den drei Jungs sagte mein Rechtsgefühl aber etwas anderes. Sollten auch sie für die Sex-Orgie wirklich sechs Jahre Haft bekommen? Eine Sex-Orgie, die zumindest zu Beginn von Jenny mitgetragen, wenn nicht sogar von ihr initiiert und forciert worden war?

Auch die drei Jungs zahlten Jenny 15 000 Euro und gestanden im Gerichtssaal, aufgrund des Alkohol- und Marihuanakonsums nicht mehr mitbekommen zu haben, ob Jenny auch bei den letzten Sex-Runden noch bei Bewusstsein gewesen war oder nicht. Sie waren jedenfalls aufgrund der hin und wieder vernommenen Stöhngeräusche davon ausgegangen. Philip, der mich mit seiner anwaltlichen Vertretung beauftragt hatte, verlas sogar einen an Jenny adressierten Brief, in dem er unter Tränen aufrichtig um Entschuldigung bat für das, was an diesem Abend passiert war.

Der Rechtsmediziner, der sich im gerichtlichen Auftrag das Video von der Sex-Orgie angesehen hatte, kam zu dem Ergebnis, dass die Jungs allesamt noch völlig Herr ihrer Sinne gewesen waren, weil sie sonst keine Erektion mehr hätten haben können. Jenny hingegen sei völlig weggetreten und damit widerstandsunfähig gewesen – trotz der klar zu vernehmenden Stöhngeräusche, die er als völlig vernachlässigungswürdig abtat.

Das Gericht folgte dieser Einschätzung.

Zwar hatte Jenny auf meine Nachfrage, ob sie Philips Entschuldigung annehme, dem Gericht noch erklärt, dass es ihr bei ihrer Anzeige ohnehin nur darum gegangen war, dass die Handyvideos sichergestellt und vernichtet würden. Eine Bestrafung der Jungs sei ihr nicht wichtig, da sie sich ohnehin nicht mehr an die Sex-Orgie erinnern könne.

Dem Landgericht war das aber egal. Es verurteilte die drei Jungs zu jeweils sechs Jahren Haft. Auch die an Jenny zur Wiedergutmachung bezahlten 15 000 Euro waren es dem Gericht nicht wert, die Strafe zu mildern. Die Richter betonten vielmehr, dass eine Tat wie die vorliegende nicht wiedergutzumachen sei. Das Geld nahm Jenny dennoch an.

Marios hingegen bekam eine vergleichsweise milde zweijährige Bewährungsstrafe. Das in der Großstadt zuständige Gericht würdigte insbesondere die hohe Zahlung von 15 000 Euro, die er an Amina zur Wiedergutmachung bezahlt hatte.

Außerdem gebe es nach Auffassung des Gerichts weitaus schwerere Fälle der Vergewaltigung, nämlich dann, wenn Opfer und Täter sich vorher gar nicht kannten. Da Amina und Marios aber vor der Tat schon miteinander bekannt gewesen waren (wenn auch nur etwa dreißig Minuten!), sei dies eine Beziehungstat, die anders, nämlich deutlich milder zu bestrafen sei. Auch Marios' Geständnis hob das Gericht strafmildernd hervor. Dass Sancho und Amina den Tatablauf bereits bei der Polizei glaubhaft und substantiiert geschildert hatten und ein Leugnen der Tat für Marios daher kaum zielführend gewesen wäre, bedachte das Gericht trotz meines Hinweises nicht.

Marios konnte den Gerichtssaal als freier Mann verlassen. In seiner Bewährungszeit wurde er nicht wieder straffällig, die Strafe wurde ihm daher nach zwei Jahren erlassen.

Sancho wurde wegen des Besitzes von Cannabis zu einem Jahr auf Bewährung verurteilt.

Entschuldigt hat sich Marios bei Amina nie.

Geld

Meinen Mandanten fällt es nicht immer leicht, mir von ihren Problemen zu erzählen, wenn sie das erste Mal zu mir in die Kanzlei kommen. Oft beginne ich das Gespräch mit den Worten: »Sie brauchen keine Hemmungen oder Scheu zu haben, es gibt nichts, was ich im Laufe meiner Zeit als Anwalt für Sexualstrafsachen noch nicht gehört hätte.« Zumeist gelingt es mir so, die Gesprächsatmosphäre zu lockern.
Auch die junge Frau mit den schlecht blondierten Haaren, der spätpubertierenden Gesichtshaut und der markanten festen Zahnspange schien nach meinen einleitenden Worten sichtlich erleichtert. Das Eis war gebrochen. Allerdings sollte ich diesmal nicht recht behalten: Was sie mir erzählte, hatte ich tatsächlich noch nie zuvor gehört. Ich ließ es mir aber nicht anmerken.
Meine neue Mandantin stellte sich mir als Geldherrin vor. Eine Art Domina also, die von ihren Kunden, die in der Szene liebevoll auch als Geldsklaven, Bankautomaten oder Zahlschweine bezeichnet werden, regelmäßig Geld bekam. Die einzige Gegenleistung: pure Erniedrigung, sexueller Kontakt ausgeschlossen. Die Geldsklaven zahlten stets bereitwillig an ihre Herrin. Sie verdiente damit tatsächlich ihren Lebensunterhalt.
Das Prinzip schien einfach: Lustgewinn durch Erniedri-

gung. Nur dass der materielle Wert der devoten Person für die Herrin eben im Vordergrund steht. Der Geldsklave hingegen erlangt seine sexuelle Befriedigung, indem er sein Geld, seine beruflichen Fähigkeiten und sogar seinen Besitz mit der Geldherrin teilt. Manche gehen angeblich sogar so weit, der Herrin ihr gesamtes Eigentum zu überschreiben.

Die Erniedrigung des Geldsklaven durch seine Herrin ist aber nicht ausnahmslos auf die finanzielle Ebene beschränkt. Die Geldherrin ist im Regelfall dazu befugt, den Sklaven auch anderweitig als »nur« durch das rücksichtslose Einsacken seiner Kohle und seiner Besitztümer zu erniedrigen – meistens ist dies seitens der Sklaven sogar ausdrücklich erwünscht.

Meine Mandantin erklärte mir die Erziehung zum Geldsklaven wie folgt:

Stufe 1: Einfacher Geldsklave – Am Anfang stehen monatliche Zahlungen und gegebenenfalls kleinere anderweitige nichtsexuelle Erniedrigungen wie zum Beispiel Putzarbeiten bei der Herrin.

Stufe 2: Kreditzahler – Der Sklave übernimmt Kredite und Bürgschaften für die Herrin und leistet auch größere Zahlungen. Jetzt kann die Herrin ihrem Sklaven zur zusätzlichen »Belohnung« auch größere Erniedrigungen auferlegen wie beispielsweise Freiheitsbeschränkungen oder körperliche Züchtigungen.

Stufe 3: Blackmail-Sklave – Der Sklave wird öffentlich mit kompromittierenden Fotos diskreditiert und dadurch zu weiteren Zahlungen »gezwungen«.

Stufe 4: Eigentum – Die Geldherrin erhält eine Kontovollmacht des Sklaven sowie alle seine Besitztümer, er legt sein Schicksal vollständig in die Hände der Geldherrin.

Zweifelsohne ein lukratives Geschäftsmodell, dachte ich mir. Leistung ohne Gegenleistung ist ja ein uralter Traum der Menschheit. Allerdings markierten dessen erste Realisierungsversuche gleichzeitig auch den Beginn einer langen Jurisdiktion zu Delikten wie Betrug, Erpressung und Nötigung.
Logischerweise konnte es auch im Geldherrinnen-Business zu erheblichen Problemen kommen, sobald ein Geldsklave keinen Lustgewinn mehr aus der systematischen Ausbeutung ziehen konnte. Und genau dieser Fall war eingetreten. Die Staatsanwaltschaft hatte auf Betreiben eines ehemaligen Geldsklaven ein Ermittlungsverfahren gegen meine neue Mandantin eingeleitet.
Eigentlich sei mit besagtem Sklaven alles so gelaufen wie immer, erzählte sie mir. Er hatte sie im Internet angeschrieben und seiner neuen Herrin auf ihren Befehl hin zunächst kleinere Geldgeschenke gemacht. Er ließ ihr ein paar Gutscheine und kleinere Geldüberweisungen zukommen, hin und wieder musste er auch einige Dienstleistungen im Rahmen seiner handwerklichen und hausfraulichen Fähigkeiten leisten, indem er Glühbirnen wechselte, Bilder aufhängte, staubsaugte oder den Abwasch für sie erledigte.
Diese Dienstleistungen hatte er allerdings stets in einem Ganzkörper-Latexkostüm absolvieren müssen, welches nur Öffnungen für Mund und Nase, nicht aber für die Augen aussparte. Mit anderen Worten, er musste die

Aufgaben blind verrichten. Ein wenig Erniedrigung gehörte ja schließlich dazu.

Diese erste Phase des sogenannten »einfachen Geldsklaven« dauerte etwa ein Jahr an, ohne dass es irgendwelche Komplikationen gab. Nach Auffassung der Herrin war der Sklave jetzt bereit für Stufe zwei, er hatte sich also die zweifelhafte Ehre erworben, in der Sklavenhierarchie zum sogenannten »Kreditzahler« aufzusteigen.

Objektiv betrachtet war das ja eigentlich ein Abstieg. Aber subjektiv gesehen war die maximale Demütigung für den Geldsklaven gerade besonders erstrebenswert. Insofern konnte man es unter diesem Aspekt durchaus als Aufstieg bezeichnen, noch mehr Leistung für noch weniger Gegenleistung zu erbringen.

Der frischgebackene Geldsklave zweiter Stufe musste seiner Geldherrin jetzt zusätzlich einen Handyvertrag und ein Premium-Abo beim Satellitenfernsehen bezahlen, zudem liefen ihre umfangreichen Einkäufe im Internet ab sofort über seine Kreditkarte.

Aber wenigstens etwas Erniedrigung jenseits finanzieller Selbstaufgabe sollte es als »Belohnung« dann absprachegemäß doch noch geben. Das Besondere daran: Diese zusätzliche Demütigung durfte er sich sogar nach seinen ganz persönlichen Wünschen selbst aussuchen.

Und da fing das Problem an.

Denn es war der sehnlichste Wunsch des Geldsklaven, einmal den Stuhlgang meiner Mandantin zu verspeisen. Sie sollte ihren Stuhlgang in einer Windel verrichten und sie ihm anschließend mit der Post zuschicken. Besagte Windel wollte er dann über Internet-Video-Telefonie vor den Augen seiner Herrin öffnen und deren Inhalt verspeisen.

Die hartgesottene Geldherrin war angesichts dieses äußerst speziellen Wunsches zunächst etwas überrumpelt. Sie hatte sich daher vorschnell auf den Handel eingelassen, was sie bald darauf heftig bereute. Verständlicherweise bereitete ihr der Gedanke einiges Unbehagen, sich im Alter von knapp fünfundzwanzig Jahren eine Windel anzuziehen und darin ihr Geschäft zu verrichten. Auch der »Verwendungszweck« war ihr nicht ganz geheuer.

Andererseits wollte sie den loyalen Geldsklaven auch nicht verlieren. Also schickte sie ihm die Windel. Allerdings keine von ihr getragene, sondern die eines Säuglings, die sie aus dem Müllcontainer ihres Hauses beschaffen konnte. Sie hatte nicht lange suchen müssen, die Wohnanlage, in der sie wohnte, war recht familienfreundlich.

Es kam, wie es kommen musste, der Schwindel flog auf. Die Babywindel war offensichtlich zu klein für die eher üppige Herrin, und auch der Inhalt entsprach nach Art und Umfang nicht den Vorstellungen des Sklaven. Damit war aus seiner Sicht die notwendige Vertrauensbasis für die Geldknechtschaft irreversibel zerstört. Der ehemalige Geldsklave war über die Unehrlichkeit seiner Herrin so enttäuscht, dass er sie bei der Polizei wegen Betruges anzeigte.

Ich übernahm den Fall, nicht ohne mich vorher zu versichern, dass meine neue Mandantin mir mein Honorar von ihrem eigenen Konto aus überweisen würde.

Bei aller Absurdität des Falles sah es für die Geldherrin juristisch betrachtet nicht gut aus. Denn streng genommen war der Betrugstatbestand – übrigens eine der rechtlich kompliziertesten Normen des Strafgesetzbuches – zumindest formaljuristisch erfüllt. Stark vereinfacht gesagt, liegt ein Betrug dann vor, wenn jemand von einem anderen getäuscht wird, aufgrund seines durch die Täuschung hervorgerufenen Irrtums über sein Vermögen verfügt wird, und es hierdurch zu einem Schaden dieses Vermögens kommt.

Und das war der Fall: Der Geldsklave hatte regelmäßige Zahlungen wie z. B. für den Handyvertrag an die Geldherrin geleistet. Diese Zahlungen hatte er geleistet, weil sie (dummerweise per E-Mail) versprochen hatte, ihm als zusätzliche Demütigung eine persönlich getragene und »befüllte« Windel zu schicken – ein Versprechen, das sie von Anfang an nicht zu erfüllen beabsichtigte. Genau darüber hatte sie ihn getäuscht, so dass er aufgrund dieser Täuschung im Vertrauen auf den Erhalt der zugesicherten Windel Geld bezahlt hatte, das ihm in seinem Vermögen jetzt fehlte. Dass es ihm genau auf die von ihr getragene Windel ankam, war für die Herrin klar erkennbar gewesen.

Wie man es auch drehte und wendete, am Ende konnte man juristisch betrachtet immer zu einer Straftat meiner Mandantin kommen.

So sah es auch der Staatsanwalt, er klagte meine Mandantin vor dem Amtsgericht an.

Nur sagte mir mein Rechtsgefühl, dass das Verschicken und Verspeisen einer anderen Windel als der ursprünglich Vereinbarten vieles sein durfte, nur nicht eine An-

gelegenheit, mit der sich Recht und Gesetz ernsthaft beschäftigen sollten.
So sah es glücklicherweise auch der zuständige Richter. Er folgte meiner Argumentation, dass ein solches »Geschäft« niemals einen wirksamen Vertrag begründen konnte, zu sehr greife eine solche Vereinbarung in das persönlichste aller Geschäfte ein. Der Vertrag war deshalb sittenwidrig. Und ein sittenwidriger Vertrag konnte einen Betrug nicht begründen. Denn wer sich schon auf die schiefe Bahn des Gesetzes (z. B. durch ein sittenwidriges Geschäft) begibt, sollte nicht das Gesetz zur Durchsetzung solcher Geschäfte in Anspruch nehmen können.
Blieb noch die gestohlene Kinderwindel. Aber auch das war nicht strafbar gewesen. Mit Einwerfen in die Mülltonne hatte die Nachbarin das Eigentum an der Windel offensichtlich aufgegeben.
Wer mich für meine anwaltlichen Dienste tatsächlich bezahlt hat, vermochte ich nicht aufzuklären. Immerhin erbrachte ich eine messbare Gegenleistung: Meine Mandantin wurde schließlich freigesprochen.

Nachtlinie

Ich hatte ihn mir ganz anders vorgestellt. Als ich das »U-Bahn-Monster« das erste Mal von Angesicht zu Angesicht sah, in einer gefühlt vier Quadratmeter großen Vorführzelle, war ich fast schon enttäuscht.
Alle Lokalmedien und sogar die überregionale Zeitung mit den großen, rot hinterlegten vier Lettern hatten ausführlich über ihn berichtet. Nach seiner ersten Tat waren die Medien noch relativ sachlich geblieben. Doch als sich das Szenario in erschreckend penibler Konstanz Wochenende für Wochenende wiederholte, hatte es nicht lange gedauert, und Phantombilder des »U-Bahn-Monsters« zierten die Titelblätter.
Tatsächlich hatte er in den letzten Monaten jedes Wochenende zugeschlagen, teilweise sogar mehrmals.
Meist waren seine Opfer Studentinnen gewesen, die sich auf dem Nachhauseweg von Partys, netten Abenden oder Clubbesuchen befanden. Immer hatte es sich um hübsche junge Frauen zwischen zwanzig und dreißig Jahren gehandelt, die zu später Stunde alleine mit der U-Bahn unterwegs gewesen und dort – oft auch infolge übermäßigen Alkoholgenusses – kurz eingenickt waren.
Sein Vorgehen war stets dasselbe: Er wartete zur Nachtzeit geduldig in der U-Bahn auf sein nächstes Opfer. Sobald es eingeschlafen war und er sich unbeobachtet

wähnte, schlug er zu. Er stellte sich vor eine schlafende junge Frau, öffnete seine Hose, entblößte seinen Penis und onanierte bis zum Samenerguss. Gesicht und Dekolleté der Opfer blieben von der »Streuwirkung« nicht verschont. Bevor die völlig überraschten Frauen bemerkten, was ihnen widerfahren war, war das U-Bahn-Monster schon geflüchtet.

Bereits nach dem dritten bekanntgewordenen Vorfall wuchs das öffentliche Interesse an dem unbekannten Sex-Täter. Jetzt interessierte sich auch die überregionale Boulevardpresse für den Fall, Frauenverbände begannen einmal mehr, gegen Frauendiskriminierung Alarm zu schlagen, und auch die Politik meldete sich angesichts der anstehenden Kommunalwahlen mit teilweise recht abenteuerlichen Wahlversprechen zu Wort.

Der Öffentlichkeitsdruck auf die ermittelnde Kriminalpolizei war dementsprechend groß. Ohnehin hatte die Polizei bis zu diesem Zeitpunkt wenig Ermittlungsergebnisse vorzuweisen. Ihre erste Einschätzung, man sei sich im Zuge der Ermittlungen inzwischen sicher, dass es sich bei dem Täter um einen Mann handle, provozierte lediglich Spott und Häme in den Medien.

Doch verwertbare DNA-Spuren hatte die Polizei nicht sichern können, weil die betroffenen Opfer das Ejakulat des Täters nachvollziehbarerweise schnellstmöglich gründlich abwischten, noch ehe sie die Polizei verständigten. Auch das ausgewertete Videomaterial der Überwachungskameras war wenig brauchbar. Alles, was man darauf erkennen konnte, war eine schwarz gekleidete Person mit Hut, hochgestelltem Mantelkragen und einem ins Gesicht hochgezogenen Schal.

Um die besorgten Bürger zu beruhigen, wurde daher alsbald eine eigene Fahndungsgruppe »U-Bahn« gebildet, mit dem klaren Ziel, den Täter unter Einsatz aller kriminalistischer Mittel so schnell wie möglich zu ergreifen und seiner gerechten Strafe zuzuführen. Tatsächlich hatte die Polizei keinerlei Anhaltspunkte, wer hinter den widerwärtigen Übergriffen auf die jungen Frauen steckte.

Trotz der mittlerweile ununterbrochenen medialen Berichterstattung und der Ermittlungen der Fahndungsgruppe »U-Bahn« hörten die Übergriffe nicht auf. Ich wusste, noch bevor ich am Montag die Zeitung aufschlug oder das Radio anschaltete, dass das »U-Bahn-Monster« in der Nacht vom Freitag oder vom Samstag mit ziemlich hoher Wahrscheinlichkeit wieder zugeschlagen haben würde. Wieder würde eine junge Frau, die nachts in der U-Bahn die Augen für einen kurzen Moment geschlossen hatte, das Opfer gewesen sein.

Obwohl sich in der Bevölkerung mittlerweile ein gewisses Gefahrenbewusstsein entwickelt hatte, dem »U-Bahn-Monster« schien es an Opfern und Tatgelegenheiten nicht zu mangeln, zumal er es offenbar nicht nur auf die einheimische weibliche Bevölkerung abgesehen hatte. Arglose Touristinnen oder Besucherinnen fanden sich immer. Seine Opfer mussten dem Phänotyp nach nur weiblich, attraktiv, zwischen zwanzig und dreißig Jahre alt und allein unterwegs sein. Ob junge Amerikanerin, spanische Austauschstudentin oder russische Immigrantin, das Herkunftsland der Damen schien ihm egal.

In der Zwischenzeit hatte die Polizei an den Wochenenden sogar verdeckte Ermittler in den verschiedenen Nachtlinien des U-Bahn-Netzes postiert, allerdings ohne einen Fahndungserfolg vermelden zu können.

Erst nach sieben weiteren Wochen gelang der Polizei der lang erhoffte Erfolg, es war allerdings ein reiner Zufallstreffer. Das neueste Opfer des »U-Bahn-Monsters«, eine Biologiestudentin, war so geistesgegenwärtig gewesen das Ejakulat trotz ihres erheblichen Ekelgefühls nicht sogleich abzuwaschen, sondern von der herbeigerufenen Polizei sichern zu lassen.

Sofort wurde in der Rechtsmedizin im Eilverfahren eine genetische Untersuchung veranlasst. Nur wenige Stunden später erzielte ein Abgleich der sichergestellten DNA mit der Datenbank des Bundeskriminalamtes einen Treffer.

Tatsächlich war der Täter bereits in einer anderen Stadt anlässlich eines ähnlichen Zwischenfalls in Erscheinung getreten. In einer Trambahn hatte er einem weiblichen Fahrgast in die Handtasche onaniert, was einem danebenstehenden Rentner aufgefallen war, der sofort die Polizei verständigt hatte.

Jetzt wollte die von den Spötteleien der Medien provozierte Polizei bei der Ergreifung des Täters aber nichts mehr dem Zufall überlassen. Der Leiter der Fahndungsgruppe hatte das volle Programm angefordert.

Ein Sondereinsatzkommando mit Sturmhauben und Maschinenpistolen öffnete mittels Kettensäge und Rammbock gewaltsam die Wohnungstür des Mannes, den die Computerdatenbank nach Eingabe der DNA ausgespuckt hatte. Der sich in der Wohnung befindende mutmaßliche Täter ließ sich widerstandslos festnehmen,

Hand- und Fußfesseln wurden ihm angelegt. Der Haftrichter nahm ihn sofort in Untersuchungshaft.
Keine vierundzwanzig Stunden nach dem letzten Übergriff wurde das Foto des »U-Bahn-Monsters« in einer eigens einberufenen Pressekonferenz präsentiert, und wenige Stunden später zierte es alle Titelblätter rund um den Einzugsbereich der Stadt.

Der Mann, der mir da in der Vorführzelle gegenübersaß, passte so gar nicht ins klischeebehaftete Bild des Sexual-Serientäters, und schon gar nicht zu den von der Presse bis zur Festnahme veröffentlichten Phantombildern, die einen kräftigen, ungepflegten, düster wirkenden Mann gezeichnet hatten, der dem »schwarzen Mann« aus zahlreichen Alpträumen in nichts nachstand.
Das mutmaßliche »U-Bahn-Monster« war dagegen sehr gepflegt, glatt rasiert, trug einen konservativen Haarschnitt und wirkte mit seinen weichen Gesichtszügen und seiner stark ausgeprägten Lachfalte an den Augenrändern durchaus attraktiv und charmant.
Der völlig eingeschüchterte junge Mann wiederholte mir gegenüber noch einmal all das, was er bereits zuvor der Polizei erzählt hatte. Er hatte – wohl unter dem Eindruck des Sondereinsatzkommandos – sofort jede einzelne Tat gestanden.
Zweifel daran, dass die Polizei den Richtigen geschnappt hatte, musste aber ohnehin niemand mehr haben: Abgesehen von der sichergestellten DNA-Spur am letzten Tatort hatte man in seiner Wohnung auch den Mantel, den Schal und die Mütze sichergestellt, die haargenau zu der Kleidung des Täters auf den Videobändern der

U-Bahn-Wache passten. Zudem hatte er exakt zu den einzelnen Tatzeitpunkten seine Fahrscheine am Fahrkartenautomaten gelöst und in einem Stehsammler mit der Aufschrift »Steuer« penibel aufbewahrt.

Die Freude der Polizei und der Presse über die Ergreifung des »U-Bahn-Monsters« konnte ich nachvollziehen. Ich konnte hingegen nicht nachvollziehen, dass man mit dem »U-Bahn-Monster« seitens der Polizei und Justiz wie mit einem Massenmörder umging.

Die Unterzeichnung des Haftbefehls und der sofortigen Verbringung in die U-Haft schien ziemlich ungeprüft erfolgt zu sein. Der ermittelnde Staatsanwalt kündigte gegenüber der interessierten Presse an, gegen diesen »Unhold« mit der ganzen Härte des Gesetzes vorzugehen.

Ich wunderte mich, da es dem Gesetz in Bezug auf die dem »U-Bahn-Monster« vorgeworfenen Taten gänzlich an Härte fehlt.

Klar, sich vor einer fremden Frau bis zur Ejakulation zu befriedigen, während diese schläft, ist für diese alles andere als angenehm, und es ist moralisch wie sittlich zu verurteilen. Aber ein sexueller Missbrauch (Widerstandsunfähiger) lag nicht vor, da er keine sexuelle Handlung an einer anderen Person, sondern nur an sich selbst vorgenommen hatte.

Exhibitionismus war ebenfalls nicht einschlägig, weil die Frauen allesamt schliefen und sein entblößtes Glied gar nicht sehen konnten.

Selbst für »Erregung öffentlichen Ärgernisses« ist die Wahrnehmung der Tat durch eine andere Person notwendig. Wenn überhaupt, würde noch allenfalls eine Beleidigung übrig bleiben. Ein Straftatbestand, der von allen Strafgesetzen nicht nur die geringste Strafe aufweist, sondern darüber hinaus nur auf Antrag, also nicht einmal auf Eigeninitiative eines Staatsanwaltes verfolgt wird. Alles in allem also mitnichten Vorwürfe, die eine Inhaftierung meines Mandanten auch nur im Ansatz rechtfertigten.

Noch am selben Tag der vollmundigen Presseerklärung von Polizei und Staatsanwaltschaft musste der Haftrichter meinen Mandanten aus rechtlichen Gründen aus der Untersuchungshaft entlassen. Das Strafverfahren gegen das »U-Bahn-Monster« wegen Beleidigung wurde gegen eine moderate Geldauflage eingestellt.

Freilich hätte man auch hierüber aus juristischer Sicht streiten können, aber der schüchterne Mandant wollte eine öffentliche Gerichtsverhandlung um jeden Preis vermeiden. Ich bin davon überzeugt, dass er tatsächlich sehr schüchtern war.

Was ihn denn zu den Taten bewogen hätte, habe ich ihn nicht frei von persönlicher Neugier gefragt, ehe sich unsere Wege trennten. »Ich habe mich eben nicht getraut, die Frauen anzusprechen«, sagte er und stieg die Rolltreppe zur U-Bahn-Station vor der Haftanstalt hinab.

Edward

»Wer sind Sie?«, fragte mich Frau Eder mit einer Mischung aus Misstrauen und Verwunderung in ihrer immer noch geschwächten Stimme.
Sie hatte offenbar keinen Besuch erwartet. Die Bettdecke war bis über die Schultern hochgezogen, der graue Ansatz ihrer blondgefärbten Haare war gut erkennbar. Auf dem Bildschirm des an der Decke befestigten Fernsehers lief eine Nazi-Dokumentation, der Ton war ausgeschaltet. Neben ihr auf dem Nachttisch stand ein verwelkter Strauß Blumen. Das Pflegepersonal der Frauenklinik hatte ihn stehengelassen.
»Ihr Mann schickt mich, ich bin Anwalt«, erwiderte ich vorsichtig, wohl wissend, was Frau Eder vor zwei Wochen Schreckliches widerfahren war.
Es war die brutalste Tat, mit der ich als Anwalt bislang zu tun hatte. Wie Frau Eder das alles überlebt hatte, war mir ein Rätsel.
Aber auch ihr Ehemann, der sie blutüberströmt vorgefunden hatte, die behandelnden Ärzte, die in einer elfstündigen Notoperation um ihr Leben gekämpft hatten, und die Polizeibeamten, die bei ihrem Eintreffen zunächst von einem Tötungsdelikt ausgegangen waren, hatten nicht mehr an einen guten Ausgang geglaubt. So viel Blut hatte jedenfalls keiner von ihnen jemals zuvor

gesehen – zumindest nicht bei einer noch lebenden Person.
»Ich kann Sie nicht bezahlen«, entgegnete Frau Eder merklich verbittert. »Tut mir leid, wenn Sie jetzt umsonst hergekommen sind, das wollte ich nicht.« Sie wandte ihren Blick ab in Richtung des Fernsehers.
Damit war mir klar, dass wieder einmal ein Opfer, noch dazu einer solch schweren Straftat, über seine Rechte und Ansprüche völlig im Dunkeln gelassen worden war. Dabei klingt es in der Theorie so gut – und so einfach: Wer Opfer einer Straftat wird, weil der deutsche Staat dabei scheitert, Leben und Gesundheit seiner Bürger zu schützen, dem wird vom Staat wenigstens nachträglich geholfen.
In der Praxis sieht das alles aber leider ganz anders aus: Zunächst einmal bekommt ohnehin nur ein Opfer schwerster Straftaten wie etwa einer Vergewaltigung, eines (versuchten) Mordes oder einer schweren Körperverletzung einen Anwalt vom Staat gestellt. Dieser wird allerdings auf dem finanziellen Niveau einer Pflichtverteidigung bezahlt, was nicht dazu beiträgt, dass Elan und Enthusiasmus in einem besonderen Maße gefördert werden.
Wer zudem ein nicht enden wollendes Konglomerat an Formularen ausfüllen möchte, das selbst manch ein Jurist nicht versteht, kann unter komplizierten Voraussetzungen auf eine mickrige Rente nach dem sogenannten »Opferentschädigungsgesetz« – in dem direkt auf die Rechte von verwundeten Veteranen aus dem Zweiten Weltkrieg verwiesen wird – hoffen.
Und wenn der Täter noch etwas Geld übrig hat – was

allerdings selten der Fall ist, da er die Kosten des Verfahrens und seiner Verteidigung aufbringen muss –, kann ihm ein Richter eine Geldauflage zum Ausgleich des Opfers zusprechen.

Alle anderen, die Opfer von Straftaten werden, müssen den Anwalt zunächst einmal selbst bezahlen und sich selbst um etwaige Entschädigungsansprüche kümmern. Die meisten Opfer verzichten daher darauf.

Doch selbst die eher dürftigen Opferhilfen im Falle schwerer Straftaten kommen in zahlreichen Fällen gar nicht erst zum Tragen, da es den meisten Geschädigten bereits an entsprechenden Kenntnissen über diese Rechte fehlt.

Wenn seitens der Polizei überhaupt aufgeklärt wird, dann meist durch Aushändigung eines einseitigen Merkblatts, das kleiner bedruckt und juristisch unverständlicher gehalten ist als die typischen Allgemeinen Geschäftsbedingungen dubioser Kaufverträge von Gebrauchtwagen. Wo kein Kläger, da kein Richter, wo keine Aufklärung, da kein Wissen.

Dass ich dennoch in Frau Eders Krankenzimmer stand, lag nur daran, dass sich ihr Ehemann im Internet über Opferrechte informiert hatte. Aber auch wenn ihr nun ein Anwalt bereitwillig und auf Kosten des Staates zur Seite stand, Frau Eder konnte ihren leeren Blick nicht vom Fernseher abwenden. Deutlich war ihre Angst zu spüren. Die Angst vor dem, was ihr vor Gericht noch bevorstehen würde.

Einen faden Vorgeschmack hatte sie ja gleich mehrfach bekommen: Einmal unmittelbar nach der Tat, als zwei Polizisten sie noch im Krankenwagen vernommen hatten, während ein Notarzt damit beschäftigt gewesen war, ihre abgeschnittenen Brüste und zerstochene Vagina zu versorgen.

Nur einen Tag nach ihrer Operation wurde sie dann erneut von der Polizei befragt. Über mehrere Stunden musste sie den beiden Kriminalbeamten die brutale Tat detailgetreu nacherzählen.

Gerade die Erinnerung an die Tat wird von den Opfern sexueller Gewalt erfahrungsgemäß als besonders schlimm empfunden.

Sehr nachvollziehbar, denn trotz der Schwere der Misshandlungen des Opfers gingen die beiden Kriminalbeamten nicht besonders zimperlich mit Frau Eder um.

So fragten sie unter anderem, welche sexuellen Vorlieben sie persönlich habe, warum sie ihren Peiniger nicht in den Penis gebissen habe, als er ihn gewaltsam in ihren Mund steckte, mit welcher Hand er ihr die Brüste abgeschnitten hätte, und ob sie feucht gewesen sei, als der Täter ihr mit ausholenden Stoßbewegungen die knapp dreißig Zentimeter lange Gartenschere in die Vagina geschoben hatte.

Am meisten belastete sie jedoch die Frage, wie es zu dem Aufeinandertreffen mit ihrem späteren Peiniger gekommen war.

Es war eine dumme Geschichte. Alles hatte damit begonnen, dass sie und ihr Mann mal etwas Neues ausprobieren wollten, um ihr eingeschlafenes Sexualleben wiederzubeleben.

Von einem befreundeten Pärchen hatten sie erfahren, dass es einen neuen Trend gebe, wonach Privatleute gegen gute Bezahlung Sex mit Eheleuten suchten. Hier-

durch war das Interesse beider geweckt worden, sowohl in sexueller als auch in finanzieller Hinsicht. Sie hegten beide schon seit einiger Zeit die Phantasie, ein anderer Mann würde mit Frau Eder schlafen. Und da Herr Eder nur ein spärliches Pförtnergehalt nach Hause brachte, war die Idee, mit Sex auch noch die Haushaltskasse aufzubessern, sehr willkommen, zumal seine Frau ohnehin vor kurzem erst arbeitslos geworden war.
Auf das Inserat der Eders in der örtlichen Lokalzeitung hatte sich schon am nächsten Tag ein gewisser Edward gemeldet. Am Telefon wirkte er höflich und sympathisch. Auch den preislichen Vorstellungen der Eders von 70 Euro plus Anfahrtskosten hatte er nichts entgegenzusetzen.
Frau Eder und ihr Mann hatten sich danach einige Tage lang beratschlagt, ob sie wirklich auf das Angebot eingehen sollten. Nach Abwägen der Vor- und Nachteile vereinbarten sie ein unverbindliches Treffen, um Edward erst einmal kennenzulernen. Was letztlich für diese Entscheidung ausschlaggebend war, das Geld oder doch das sexuelle Abenteuer, sie wissen es bis heute nicht. Edward jedenfalls stimmte einem Kennenlerntreffen sofort zu.
Der Mann, der sie in der völlig verdreckten, schmuddeligen, übelriechenden Wohnung begrüßte, raubte beiden sofort die Illusion, die sie noch von dem am Telefon so höflichen und zuvorkommenden Edward gehabt hatten. Der reale Edward war äußerst ungepflegt und roch so wie seine ganze Wohnung nach bitter-süßlichem Schweiß. Zu allem Überfluss hatte er dem Ehepaar auch noch in einer mit Urinflecken besudelten Feinrippunter-

hose die Tür geöffnet. Seine noch von ein paar einzelnen Härchen durchzogene Glatze, sein auf die untere Hälfte getrimmter Schnauzer und die vergilbten Finger- und Fußnägel, die mit tiefschwarzem Dreck unter den Nagelspitzen unterlegt waren, rundeten das Bild vollends negativ ab.

Ohne sich weiter absprechen zu müssen, aber ausgesprochen höflich teilten die beiden Eders dem schmuddeligen Edward deshalb übereinstimmend mit, dass die Chemie für das ursprüngliche Vorhaben einfach nicht stimme, auch wenn man sich über sein promptes Interesse sehr gefreut habe. Was die Fahrtkosten betreffe, könne man sich vielleicht in der Mitte treffen.

Edward nahm die Entscheidung der Eders regungslos hin. Immerhin zeigte er sich mit der Übernahme der Hälfte der Fahrtkosten einverstanden. In einem mit Kleingeld gefüllten Marmeladenglas, das auf dem mit ausgedrückten Zigaretten und Essensresten besudelten Sideboard im Flur stand, begann er umständlich, ein paar einzelne Münzen hervorzukramen. Er murmelte, er habe gerade nicht genug Geld im Haus, werde aber irgendwann demnächst alles bezahlen.

Letztlich verzichteten die Eders auf das Geld und waren einfach nur sehr froh, endlich die stinkende Wohnung zu verlassen.

Etwa zwei Wochen später rief Edward überraschend bei Frau Eder an. Er teilte ihr mit, dass er jetzt wieder Geld habe. Wenn sie noch Interesse an den Fahrtkosten hätte, könne sie es bei ihm abholen, da er kein Auto habe. Selbstverständlich würde er ihr dann aber zusätzlich zu den bereits vereinbarten Fahrtkosten auch die Fahrtkosten für die neuerliche Anfahrt bezahlen und sogar noch ein bisschen was dazulegen – wegen der durch ihn verursachten Umstände. Das ihm soeben ausbezahlte Geld der Sozialhilfe würde er ansonsten ohnehin nur für Alkohol ausgeben, scherzte er in lockerem Ton.

In Anbetracht dieses unverhofften Geldsegens hatte Frau Eder das unangenehme persönliche Aufeinandertreffen mit Edward verdrängt. Sie freute sich, dass er doch noch zu der Vereinbarung stehen wollte. Ohne lange zu überlegen, setzte sie sich sofort ins Auto und machte sich auf den Weg zu Edwards Wohnung, diesmal aber ohne ihren Mann, der noch in der Arbeit war – und auch ohne ihrem Mann Bescheid zu geben.

Bei Edward angekommen, war es schon der eine erste Schritt durch die Wohnungstür, der ihr Schicksal besiegeln sollte. Die Türe knallte hinter ihr zu, er packte sie sofort von hinten und schleppte sie zum Bett. Noch bevor sie realisieren konnte, was gerade passierte, hatte er ihr schon die Bluse vom Oberkörper gerissen. Die an den Bettpfosten befestigten Mullbinden hatte er vorab zu Schlaufen für Hände und Füße gebunden, so dass es ein Leichtes für ihn war, Frau Eder ohne große Mühen zu fixieren und vollständig zu entkleiden.

Ja, Frau Eder hatte große Angst, dem Täter vor Gericht erneut begegnen zu müssen. Vielleicht waren es aber auch die Kommentare der Kriminalbeamten, die meiner Mandantin diese unbändige Angst vor dem anstehenden Gerichtstermin bescherten:

»Sie sind also eine Prostituierte, Frau Eder«, hatte der ältere der beiden Beamten in einem gerade noch sachlichen Ton angemerkt. »Da sollte man ja schon ein Stück weit aufpassen, auf wen man sich da so einlässt.«

Seine junge Kollegin hatte noch nachgesetzt: »Es tut mir leid, das sagen zu müssen, Frau Eder, aber mussten sie wirklich noch Geld für bloße Fahrtkosten einfordern? Da scheinen sie mir den Täter unnötig provoziert zu haben!«

Danach war Frau Eder weinend zusammengebrochen, ein herbeigerufener Arzt musste die Vernehmung beenden.

Als Anwalt bin ich auch schroffe Vernehmungen zu einem gewissen Grad gewöhnt, das gehört zum Geschäft; aber die in diesem Fall von meiner Mandantin geschilderten »Vernehmungsmethoden« machten mich doch für einen Moment fassungslos.

Sie war sich sicher, dass auch das Gericht ihr die Schuld an ihren amputierten Brüsten und der wegen der vielen Stiche in ihre Vagina diagnostizierten Unfruchtbarkeit geben würde.

Sosehr ich mich auch bemühte, ich konnte sie kaum beruhigen; zu tief saßen die Demütigungen, die sie zuerst durch den Täter und dann obendrein noch durch die Polizei hatte erfahren müssen. Wie sollte sie da noch irgendjemandem vertrauen?

Wie sich bald bei Lektüre der Ermittlungsakte herausstellte, war Edward erst zwei Wochen vor der grausamen Tat an Frau Eder aus der Haft entlassen worden, die er wegen einer ähnlichen Tat abgesessen hatte. Gut zwei Jahre zuvor hatte er sich mit einem Messer bewaffnet Zutritt zum Haus einer Nachbarin verschafft. Ehe er sich über die Nachbarin hermachte, hatte er noch ihre beiden

neun und sieben Jahre alten Kinder unter Todesdrohungen in ihr Zimmer verfrachtet und dort eingeschlossen.
Nachdem er die Nachbarin auf ähnliche Art und Weise wie später Frau Eder gefesselt und entkleidet hatte, konnte sie – anders als Frau Eder – der ihr bevorstehenden Tortur entgehen, weil ihr Mann an diesem Tag etwas vergessen hatte und umgekehrt war. Edward konnte also noch vor der endgültigen Umsetzung seines grausamen Plans gestellt und überwältigt werden.
Dafür hatte Edward damals aber nur eine zweijährige Haftstrafe kassiert. Schließlich war die Vergewaltigung der Frau nur versucht, aber nicht durchgeführt worden. In einem solchen Fall kann das Gericht eine mildere Strafe aussprechen, was offensichtlich auch geschehen war. Außerdem hatte Edward ein Geständnis abgelegt – nicht, dass ihm angesichts der Beweislage viel anderes übriggeblieben wäre. Aber ein Geständnis wird von den Gerichten immer sehr wohlwollend berücksichtigt, nicht zuletzt auch deshalb, weil es der Arbeitserleichterung dient.
Man musste dem Gericht von damals immerhin zugutehalten, dass sich zu diesem Zeitpunkt noch nicht abgezeichnet hatte, wozu Edward wirklich fähig war.
Die Beweislage war jedenfalls auch im jetzigen Fall für das Gericht mehr als eindeutig. Frau Eders amputierte Brüste hatte die Polizei in zwei Marmeladengläsern auf Edwards Sideboard gleich neben dem Glas mit dem Kleingeld sichergestellt. »Als Souvenir«, wie Edward auf Nachfrage der Beamten angegeben hatte.
Ohnehin hatte Edward die Tat bereits bei der Polizei recht freimütig eingeräumt. Er hatte gesagt, ihm tue es

schon etwas leid, aber er habe sich von Frau Eder eben zurückgewiesen gefühlt. Er könne mit Ablehnung einfach schlecht umgehen. Die Sache mit den Fahrtkosten habe ihn dann endgültig wütend gemacht.

Bei einer Besprechung einige Wochen vor dem Gerichtstermin bemühte ich mich erneut, Frau Eder zu beruhigen und ihr die Angst vor dem anstehenden Gerichtstermin zu nehmen.

Ich sicherte ihr zu, dass niemand vor Gericht es wagen würde, ihr die Schuld an der unfassbaren Tat zu geben; etwaige Fragen oder Bemerkungen in diese Richtung würde ich als ihr Beistand unverzüglich beanstanden. Ich versicherte Frau Eder, dass Edward seine gerechte Strafe bekommen würde, die Tat war an Grausamkeit schließlich kaum zu überbieten.

Wenigstens das erste Versprechen konnte ich einhalten. Das Gericht und selbst Edwards Verteidiger zeigten sich meiner Mandantin gegenüber erstaunlich einfühlsam und zurückhaltend. Ihr wurden anders als bei der Polizei kaum Fragen gestellt, glücklicherweise auch keine zum detailgenauen Tatablauf. Ohnehin hatte Edward das Tatgeschehen bereits im Zuge einer emotionslosen Schilderung über seinen Anwalt gestanden.

Leider zeigte sich das Gericht aber auch erstaunlich milde gegenüber dem »geständigen« Edward. Warum die Richter ihn im hiesigen Verfahren nur zu zehn Jahren Haft wegen Vergewaltigung verurteilten, konnte Frau Eder gar nicht anders werten, als dass das Gericht ihr eben doch eine Mitschuld an der Tat gab. Bei guter Führung hieße dies nämlich eine Entlassung nach sechseinhalb Jahren.

Die bereits bis zum Prozess verbüßte U-Haft von knapp einem Jahr würde ihm darüber hinaus auch noch abgezogen. Im Ergebnis also vielleicht nur noch fünfeinhalb Jahre Haft für eine Tat, bei der eine lebensfrohe, gutaussehende und willensstarke Frau zwei Stunden lang gefesselt, vergewaltigt, gedemütigt und auf menschenverachtende Weise grausamst verstümmelt worden war. Nicht nur physisch, sondern auch psychisch entstellt würde sie bis an ihr Lebensende mit den Folgen der unfassbaren Tat zu kämpfen haben.

Auch ich war erschüttert. Denn das Gericht hätte ohne weiteres zusätzlich von versuchtem Mord ausgehen müssen, bei dem die Verhängung einer lebenslangen Freiheitsstrafe immanent gewesen wäre.

Denn wenn Frau Eder nicht im unmittelbaren Anschluss an die Tat im Krankenhaus erfolgreich einer aufwendigen und riskanten Notoperation unterzogen worden wäre, dann würde sie heute nicht mehr leben. Wäre sie gestorben, hätten alle gesetzlichen Voraussetzungen eines Mordes wegen Befriedigung des Geschlechtstriebes vorgelegen.

Zwar hatte der Täter, nachdem er trotz der zweistündigen Tortur seines Opfers keine weitere Erektion mehr zustande bekommen hatte, unvermittelt von seinem Opfer abgelassen, sie losgebunden und in ihrem verstümmelten Zustand blutüberströmt nach Hause geschickt.

Die Sache war nur die, dass es nach Aussage der Ärzte ebenso möglich, ja geradezu wahrscheinlicher gewesen wäre, dass Frau Eder noch vor dem Haus ihres Peinigers tot zusammengebrochen wäre – sie wäre sogar mit an Sicherheit grenzender Wahrscheinlichkeit gestorben, hätte sie sich nicht unter Schock stehend in ihr Auto gesetzt und eine dort befindliche Flasche Sekt, die sie zuvor für den anstehenden Geburtstag ihrer besten Freundin gekauft hatte, in einem Zug leer getrunken.

Sie hatte instinktiv einem der Dehydration durch den immensen Blutverlust geschuldeten Durstgefühl nachgegeben, was ihr vermutlich das Leben gerettet hat. Völlig apathisch war sie dann nach Hause gefahren, wo sie in der Hofeinfahrt bei laufendem Motor bewusstlos zusammengebrochen, von ihrem Ehemann buchstäblich in letzter Minute entdeckt worden war.

Dass sie letztlich überhaupt bis zu ihrer Rettung die massiven Verletzungen und den hohen Blutverlust überlebt hatte, war also dem reinen Zufall geschuldet.

Das Gericht lehnte es dennoch ab, den Täter wegen versuchten Mordes zu verurteilen. Und das, obwohl mein Antrag auf Verurteilung (auch) wegen versuchten Mordes der höchstrichterlichen Rechtsprechung folgte.

Denn nur wenn der Täter den Eintritt des Tat-»Erfolges« (im vorliegenden Fall also den möglichen Tod von Frau Eder) aktiv verhindert, kann er von dem versuchten Mord strafbefreiend zurücktreten.

Die bloße Ermöglichung der Erfolgsverhinderung durch Dritte (vorliegend dadurch, dass Edward Frau Eder vor die Tür gesetzt hatte) reichte für einen strafbefreienden Rücktritt keinesfalls aus.

Selbst wenn Edward zum Zeitpunkt seiner Tatausführung auch nicht die direkte Tötung des Opfers vor Augen gehabt haben mag, so hatte er Frau Eders akute Todesgefahr aufgrund ihres massiven Blutverlustes erkannt und dennoch in Kauf genommen. Das reichte.

Wäre also das Gericht der höchstrichterlichen Rechtsprechung gefolgt, hätte man den bestialischen Täter wegen versuchten Mordes zu lebenslanger Haft verurteilen können. Eine Milderung dieser Strafe, weil der Todeserfolg nicht eingetreten und wie damals bei Edwards erster Tat damit nur versucht war, wäre hier angesichts der Intensität, Brutalität und Kaltschnäuzigkeit der jetzigen Tat sicher kein zweites Mal in Betracht gekommen.

So aber war das für diese extrem brutale Tat vergleichsweise milde Urteil einfach nur ein juristischer Schlag ins Gesicht für Frau Eder. Und ein weiterer sollte unmittelbar folgen.

Nachdem Edward das Urteil eher emotionslos aufgenommen hatte und abgeführt worden war, kam der Staatsanwalt auf uns zu. Er stellte eher beiläufig die sichergestellten Marmeladengläser mit den darin befindlichen amputierten Brüsten meiner Mandantin auf den Tisch und teilte Frau Eder bei dieser Gelegenheit mit, dass er jetzt ein Strafverfahren wegen Trunkenheit im Verkehr gegen sie einleiten müsse. Schließlich hätte sie aufgrund der unmittelbar nach der Tat konsumierten Sektflasche nicht mehr Auto fahren dürfen!

Was der Staatsanwalt anschließend mit den Marmeladengläsern gemacht hat, die ich ihm wortlos wieder auf seinen Tisch gestellt habe, weiß ich nicht.

Das Verfahren gegen Frau Eder wegen Trunkenheit im Verkehr wurde von seinem Vorgesetzten jedenfalls sofort eingestellt. Denn kein Jurist der Welt – mit Ausnahme jenes Staatsanwaltes – konnte ernsthaft annehmen, dass Frau Eder in diesem Zustand noch Herrin ihrer

Sinne gewesen war, was aber für ein Strafverfahren zwingende Voraussetzung gewesen wäre.
Übrigens: Die Kosten für die Wiederherstellung ihrer Brüste übernahm Frau Eders Krankenkasse unter Verweis auf Edwards Zahlungspflicht nicht.
Edward war und ist vermögenslos.

Nie mehr Sex mit der Richterin

Der renommierte Psychiater Dr. Joachim Müller war in ganz Deutschland als Gutachter vor Gericht wohlbekannt. Er beurteilte Mörder, Vergewaltiger, Kinderschänder und andere unleidige Zeitgenossen, sein sachverständiges Urteil bei Gericht war oftmals ausschlaggebend.
Viele der Richter und Staatsanwälte kannten Dr. Müller daneben aber auch privat ganz gut. Es war in Justizkreisen ein offenes Geheimnis, dass Dr. Müllers jährlich stattfindende »Fortbildungsseminare« für Juristen nichts anderes als ein ausgelassenes Zusammenkommen mit reichhaltiger Auswahl an alkoholischen Getränken waren, bei deren Gelegenheit man sich dann gern auch zu gemeinsamen Skiausflügen, Skatrunden oder anderen illustren Unternehmungen verabredete.
Zudem hatte der Herr Doktor für jedes Wehwehchen seiner Justizfreunde stets das richtige Tablettchen vorrätig. Und auch bei sonstigen »Gesundheitsproblemchen« erwies sich Dr. Müller den Richtern und Staatsanwälten gegenüber als zuverlässig und diskret, auf seine ärztliche Schweigepflicht konnte man sich dabei verlassen.
Im Ergebnis waren also alle zufrieden. Dr. Müllers Auftragsbuch für forensische Gutachten war immer gut gefüllt, und auch seine Staatsanwalts- und Richterfreunde

konnten sich Dr. Müllers steter ärztlicher Bereitschaft sicher sein. Eine echte »Win-win-Situation« – und das alles auch ziemlich legal: Richter sind schließlich kraft Gesetzes unabhängig und daher in ihrer Gutachterwahl für ihre Gerichtsfälle stets frei. Und wenn man schon einen Arzt beruflich kennt, dann ist es doch nur konsequent, dass dann dieselben Richter, die Herrn Dr. Müller als Gutachter bestellten, sich bei medizinischen Fragen auch privat ganz gern an ihn wandten.

Natürlich hätte man das Ganze juristisch betrachtet auch als Bestechung und Bestechlichkeit sehen können, aber so etwas gibt es ja Gott sei Dank nicht in der deutschen Justiz – zumindest laut den besagten Richtern und Staatsanwälten, und die mussten es ja wissen.

Dennoch saß Dr. Müller nun in meiner Kanzlei. Nicht etwa, weil auch ich zu jenem illustren Juristenkreis gehörte – denn der war ja nur Richtern und Staatsanwälten vorbehalten –, sondern vielmehr, weil Dr. Müller jetzt selbst vor Gericht angeklagt worden war.

Keine schöne Situation für ihn als Gerichtsgutachter, der es gewohnt war, mit seiner Expertise anderen beim Richten zu helfen, nun selbst gerichtet zu werden. Und auch in einer Anwaltskanzlei sitzen zu müssen, bereitete dem Arzt sichtlich Unbehagen, da er mit Anwälten bisher so gar nichts hatte zu tun haben wollen – schließlich waren sie ja die selbsterklärten Feinde seiner Richterfreunde oder besser gesagt: seiner ehemaligen Richterfreunde. Denn von denen hatte er mit der Eröffnung des Tatvorwurfs gegen ihn nichts mehr gehört.

Zunächst waren ja die »Geschäftsbeziehungen« in dem »Netzwerk« um Dr. Müller viele Jahre lang für alle Beteiligten sehr gut gelaufen. So lange, bis einer von Herrn Müllers Richterfreunden seine neue Freundin in die elitäre Justizrunde einführte. Zwar war sie als Richterin grundsätzlich durchaus würdig, in den elitären Juristenkreis rund um Dr. Müller aufgenommen zu werden, nur hatten Frauen bis dahin nicht dazugehört. Es hatte sich einfach nie so ergeben. Denn die »Tagungen«, »Fortbildungen« und sonstigen Freizeitbeschäftigungen, die Dr. Müller seinen Richter- und Staatsanwaltsfreunden anbot, waren vermutlich für die meisten Frauen in der Justiz nicht sehr verlockend. Und wirklich gefehlt hatten der justiziablen Männerrunde die Richterinnen und Staatsanwältinnen ohnehin nicht. Die Runde um Dr. Müller bestand nämlich überwiegend aus älteren Herren, die mit den als eher resolut und wenig feminin verschrienen Richterinnen und Staatsanwältinnen nicht viel anfangen konnten.

Aber bei der Freundin seines Richterfreundes war das etwas anderes. Sie hatte Dr. Müller von Anfang an gefallen. Wobei »gefallen« da wohl noch deutlich untertrieben ist: Er war absolut scharf auf sie. Das war auch nicht weiter verwunderlich. Denn sie war wirklich ausnahmslos hübsch – zumindest für eine Richterin, so dachte sich Dr. Müller. Und ihr hatte sein berüchtigter Charme auch durchaus gefallen – auch wenn Dr. Müller den wahren Grund hierfür erst viel später erfahren sollte.

Es dauerte also nicht lange, bis Dr. Müller die Freundschaft mit dem besagten Richterfreund intensivierte und sich immer öfter mit ihm und seiner hübschen Richterfreundin traf. Dr. Müller suchte förmlich nach Vorwänden, die heiße Richterin bald auch alleine zu treffen. Mit einer Richterin hatte Dr. Müller bisher noch nie etwas gehabt, und der Gedanke daran törnte ihn ziemlich an. Es war eine Art Machtphantasie, die ihn an dem Gedanken reizte, dass sie, die harte Richterin, die täglich über Freiheit oder Gefängnis entscheidet, ihm ganz privat einmal ordentlich die Leviten lesen könnte.

Er besuchte sie fast täglich in ihrem Büro. Einen Vorwand dafür hatte er auch immer parat: Mal benötigte er irgendeine Akte, mal musste er einen »komplizierten« Fall dringend mit ihr persönlich besprechen. Manchmal – aber bloß nicht zu oft, es sollte ja nicht auffallen – war er auch einfach »zufällig« in der Nähe und wollte nur einen kurzen Kaffee mit ihr trinken gehen.

Zwar hatte Dr. Müller schon irgendwie ein schlechtes Gewissen seinem Richterfreund gegenüber, der ja nach wie vor mit der hübschen Richterin liiert war. Aber Dr. Müllers sexuelle Phantasien ließen ihn nicht mehr rational denken. Und die Richterin schien ja auch alles andere als abgeneigt zu sein. Immerhin hatte es nicht lange gedauert, bis auch sie ihn gefragt hatte, ob er ihr – wie seinen anderen Richterfreunden auch – nicht einmal ein kleines Beruhigungstablettchen verschreiben könnte, da sie gerade so viel Stress habe und so »verspannt« sei.

Man kam schnell ins Geschäft. Schließlich beruhten ja alle Justizbekanntschaften von Dr. Müller auf einem gewissen Geben und Nehmen, warum dann nicht auch bei ihr, wobei Dr. Müller trotz seines deutlich höheren Alters und der altersbedingt nur noch spärlichen Haarpracht überzeugt davon war, dass auch die Richterin ihn ganz heiß fand. Ihr Verlangen nach seiner geschätzten ärztlichen Expertise war jedenfalls eine hervorragende Gelegenheit, der Richterin eine abendliche Einladung in seine Praxis auszusprechen. Die schöne Richterin nahm sie gern an.

In der Praxis angekommen, hatte sie sich auch nicht lange bitten lassen, sich obenherum kurz frei zu machen, damit Dr. Müller ihr Herz abhören konnte, bevor er ihr das gewünschte Tablettchen und sie ihm im Gegenzug eine Portion heißen Sex gab. Und bald war dieser unausgesprochene Handel auch auf Dauer perfekt: Pillen gegen Sex, Sex gegen Pillen, sämtliche Erniedrigungsphantasien Dr. Müllers inklusive.

Die Richterin befriedigte diese äußerst bereitwillig und umfassend, gerne auch im knappen Lederröckchen, mit Lederstiefeln, Catwoman-Maske, Pferdegerte und diversen anderen sadomasochistischen Utensilien, die ihr der gute Doktor in vorauseilendem Gehorsam zur Verfügung stellte. Selbst als sie einmal, noch etwas von ihrem Beruhigungstablettchen berauscht, ein wenig zu heftig mit ihrer Gerte auf Dr. Müllers nackten Hintern geschlagen hatte und er sich deswegen selbst in ärztliche Behandlung begeben musste, nahm ihr Verhältnis keinen Schaden.

Ganz im Gegenteil. Dr. Müller konnte sein Glück kaum fassen, dass die zwanzig Jahre jüngere Richterin ihn einerseits so gut fand – zumindest glaubte er das – und zum anderen auch noch seinen Wünschen nach sexueller Demütigung so bereitwillig nachkam. Da ließ sich der gute Dr. Müller dann auch nicht lumpen, wenn seine Richterin nach so viel dominanter Bestrafung mal ein Beruhigungspillchen mehr von ihm haben wollte.

Und weil die Richterin die guten bunten Pillen ihres liebestollen Doktors gar so gut fand, brachte sie ihn sogar dazu, ihr irgendwann einfach nur noch Blankorezepte zu geben. So konnte sie sich ihrer Beruhigungstabletten auch immer dann sicher sein, wenn Dr. Müller mal keine Zeit für eine ihrer persönlichen »Behandlungen« in seiner Praxis hatte, weil er etwa wegen seiner Ehefrau oder anderer Gespielinnen unpässlich war. Man konnte fast meinen, solange sie dem guten Doktor und seinem Hintern ausreichend Zuwendung schenkte, könne sie alles von ihm haben. Und das tat sie ja auch über Gebühr. Was sie allerdings nicht tat, war, mit dem lieben Doktor vorher noch einmal Rücksprache zu halten, bevor sie sich eines der Blankorezepte in seinem Namen ausstellte. Die ehebedingt schlechte Erreichbarkeit des Dr. Müller quittierte sie ihm nämlich kurzerhand damit, sich neben den sonst so dringend benötigten Beruhigungstablettchen ohne sein Wissen auch diverse Tranquilizer, Antidepressiva und andere verschreibungspflichtige Medikamente gleich selbst zu verordnen. Ob der Arzt überhaupt merkte, dass die Richterin mittlerweile hochgradig tablettensüchtig war, oder aber das Versohlen seines Hinterns ihm seine Sinne zu sehr benebelt hatte – ich weiß es nicht.

Die Tablettensucht der Richterin hatte jedenfalls auf Dauer so nicht gut gehen können. Und als dann die Sache mit den Blankorezepten irgendwann aufflog, fand auch das subordinative Treiben zwischen der Richterin und dem justizfreundlichen Doktor ein jähes Ende. Und plötzlich war alles anders.

Die Richterin hatte mit ihren selbstverschriebenen Tabletten, die sie sich bald täglich in der Apotheke ihres Vertrauens besorgte, maßlos übertrieben. Immer seltener tauchte sie in ihrem Büro auf, selbst terminierte Gerichtsverhandlungen verpasste sie hin und wieder. Und obwohl Richter in ihrer Zeiteinteilung grundsätzlich frei sind, müssen sie die ihnen zugewiesenen Fälle schon abarbeiten – wenigstens zeitnah. Ansonsten kann das auch für einen Richter unangenehme Folgen haben – zumindest war es hier so. Da immer häufiger wichtige Gerichtsbeschlüsse und andere dringende Aufgaben unbearbeitet blieben, musste eine andere Kollegin der Richterin immer öfter an ihren Schreibtisch, um wenigstens die unaufschiebbaren Angelegenheiten zu bereinigen. Und dabei hatte sie eines Tages auch die von Dr. Müller überlassenen Blankorezepte gefunden, die teilweise schon in der Handschrift der Richterin mit entsprechenden »Tablettenwünschen« ausgefüllt worden waren.

Ob es nun daran lag, dass Richter an Recht und Gesetz gebunden sind und die Kollegin deshalb ihren Fund bei der Polizei anzeigen musste, wenn sie sich nicht selbst strafbar machen wollte, oder ob sie einfach keine Lust mehr hatte, die viele Arbeit für ihre Kollegin zu erledigen, kann ich nicht sagen. Jedenfalls ist das Fälschen von ärztlichen Rezepten und das unerlaubte Beziehen verschreibungspflichtiger Medikamente bekanntermaßen strafbar – auch für eine Richterin.

Dennoch war für den für diese Angelegenheit zuständigen Staatsanwalt schnell klar, warum eine bislang immer zuverlässige Richterin gleich »blöckeweise« Rezepte gefälscht, sich unbefugt verschreibungspflichtige Medikamente verschafft und auch noch ihre Krankenkasse betrogen hatte.

Schuld daran, dass die rechtschaffene Richterin sich strafbar gemacht hatte, sei einzig Dr. Müller. Er habe die Richterin sexuell ausgebeutet. Schließlich habe die Richterin nur deshalb Sex mit Dr. Müller gehabt, um an die Medikamente respektive Rezepte heranzukommen.

Die Justiz duldet in den eigenen Reihen keine Negativpresse, und diese Erklärung schien ja auch die einzig plausible.

Und deswegen hatte jetzt Dr. Müller ein massives Problem, denn die Staatsanwaltschaft hatte zügig angefangen, gegen ihn zu ermitteln. Eine öffentlichkeitswirksame Durchsuchung seiner Praxisräume sollte erst der Anfang sein.

Schmerzlich erfuhr er nämlich alsbald, wie viel er seinen zahlreichen Richterfreunden wirklich wert war. Kaum war der Fall um die tablettensüchtige Richterin in Justizkreisen und in der Öffentlichkeit bekannt, blieben die sonst so regen Gutachterbestellungen aus, die »Fortbildungsveranstaltungen« unbesucht, und beim Skat saß Dr. Müller plötzlich auch nur noch alleine da.

Und der zuständige Staatsanwalt kannte kein Erbarmen. In seiner reißerischen Pressemitteilung wurde die arme Richterin als unschuldiges Opfer des teuflischen Dr. Müller ausgegeben. Ausgerechnet dieser Staatsanwalt schien keine einzige der legendären »Fortbildungsveranstaltungen« des Dr. Müller besucht zu haben – den Fall bearbeitete er nämlich sehr akribisch. Der Staatsanwalt schien aber ohnehin jemand zu sein, der mehr Interesse an tatsächlicher Fortbildung hatte.

Er klagte Doktor Müller an: wegen sexuellen Missbrauchs in einem ärztlichen Behandlungsverhältnis.

Drei Monate bis fünf Jahre Freiheitsstrafe sieht das Gesetz als Strafe vor, wenn ein Arzt unter Missbrauch eines Behandlungsverhältnisses an einer Patientin sexuelle Handlungen vornimmt.
Doch hatte mein Mandant die Richterin wirklich sexuell »missbraucht«? Zwar bestritt er ohnehin, dass sie ihm nur deshalb den Hintern versohlt und seinen vielen anderen extravaganten sexuellen Wünschen nachgekommen sei, weil sie im Gegenzug Medikamente von ihm bekam. Doch selbst wenn es so war: Um sich des sexuellen Missbrauchs im Rahmen eines ärztlichen Behandlungsverhältnisses strafbar zu machen, muss vor allem auch ein ärztliches Behandlungsverhältnis bestehen.
Warum ein rechtswirksames »Arzt-Patienten-Verhältnis« bereits dann begründet sein soll, wenn man als Arzt hin und wieder Freunden oder eben auch der Geliebten ärztliche Ratschläge gibt oder ein paar Medikamente verschreibt, war meiner Meinung nach schwer verständlich. Denn dann dürfte ein Arzt ja auch seine eigene Ehefrau nicht mehr behandeln, ohne Angst haben zu müssen, sich beim ehelichen Geschlechtsverkehr strafbar zu machen.
Der bissige Staatsanwalt sah das aber genau so. Er stellte sich auf den rechtlichen Standpunkt, dass ein Arzt niemals Sex mit einer Patientin haben dürfe, egal in welchem Verhältnis man zu ihm stand.
Zumindest in der »Schwarzwaldklinik« und in »Emergency Room« hatte man das noch anders gesehen, aber

der Staatsanwalt war von seinem rechten Pfad der Tugend nicht abzubringen. Und das, obwohl sich Dr. Müller in dem Verhältnis zu jener Richterin als vieles gesehen hatte: als ihren heimlichen Liebhaber, als ihren Sklaven, Stiefellecker, gehorsamen Knecht und hin und wieder als ihren unterwürfigen Hund, der regelmäßig auf allen vieren an einer Leine neben ihr krabbeln musste. Aber eben nie als ihren behandelnden Arzt.

Irgendwie erschien mir das auch konsequent. Denn der Gesetzgeber geht bei der Strafvorschrift ganz offensichtlich von einem klaren Über-Unterordnungsverhältnis aus: der mächtige Arzt und die hilflose Patientin. Die Richterin dagegen gab sogar offen zu, sich den als eher »freizügig« bekannten Doktor Müller gezielt geangelt zu haben, um ohne viel Aufwand schnell an die ersehnten Medikamente zu kommen. Zu Herrn Müllers schwachem Trost, der sich ja tatsächlich von der Richterin recht begehrt gefühlt hatte, sagte sie bei Gericht aus, dass sie wenigstens den Sex mit ihm »ganz in Ordnung« gefunden habe, zumal ihr Part sich ohnehin fast nur auf Dominaspielchen beschränkte.

Der vorsitzende Richter allerdings hatte anscheinend auch keines von Dr. Müllers »Fortbildungsseminaren« besucht und war auch kein Fan der »Schwarzwaldklinik«. Er folgte der Rechtsauffassung des jungen Staatsanwaltes und verurteilte Dr. Müller zu zehn Monaten Haft. Die Richterin sei eben nicht mehr in der Lage gewesen, selbst zu entscheiden, ob sie tatsächlich Sex mit ihm wollte. Es sei kein sexueller Kontakt auf Augenhöhe gewesen. Vielmehr habe Dr. Müller die Richterin für seine perversen Vorlieben schamlos ausgenutzt.

Die Richterin wurde nicht angeklagt. Zwar hatte auch sie sich – und das im Gegenzug zum Arzt völlig unstreitig – in mehreren Fällen wegen Urkundenfälschung, Verstoß gegen das Arzneimittelgesetz und nicht zuletzt wegen Abrechnungsbetruges an ihrer Krankenkasse strafbar gemacht (die Medikamente waren ihr ja nicht von Dr. Müller verschrieben worden, so dass sie die Rezepte auch nicht von der Krankenkasse hätte erstattet bekommen dürfen).

Ihre »Strafe« bestand lediglich aus einem Schreiben, das sie zu einer kleinen Geldzahlung an eine gemeinnützige Einrichtung aufforderte.

Eines ist für mich seit diesem Fall jedenfalls klar: Sollte sich jemals ein Arzt selbst eine Tablette Viagra verschreiben, um sich anschließend selbst sexuell zu befriedigen, könnte das weitreichende strafrechtliche Folgen haben.

Schmutzige Nummer

»Sie sind doch Anwalt für Sexualstrafrecht«, hatte sie in harschem Ton das Gespräch begonnen. Sie verlangte einen Termin für eine Erstberatung, um was es allerdings genau ging, wollte sie am Telefon nicht sagen. Einige Tage später erschien Frau Huber schließlich persönlich – zusammen mit ihrem Mann, um den es eigentlich gehen sollte. Herr Huber habe ihrer Meinung nach ein ernsthaftes sexuelles Problem. Und dafür musste eine ganze Armada an Spezialisten her. Ein Psychiater, ein Sexualtherapeut und eben auch ein Anwalt für Sexualstrafrecht.

Frau Huber meinte, am besten zu wissen, was gut für ihren Mann sei.

Sie wusste ohnehin alles besser. So unter anderem auch, dass ihr Mann aufgrund seines »Problems« dringend einen Anwalt für Sexualstrafrecht benötige. Als solcher sei ich schließlich auf die Verteidigung von Vergewaltigern, Kinderschändern und Anrufern von Sex-Hotlines spezialisiert.

Die Logik der charmanten Dame war bestechend einfach: Wenn ich schon Vergewaltiger und Kinderschänder verteidigt hatte, dann müsste das doch mit Anrufern von Sex-Hotlines erst recht kein Problem sein. Der Denkfehler: Das Anrufen von Sex-Hotlines hat mit Sexualstrafrecht rein gar nichts zu tun, denn es ist nicht verboten.

Ich wies die Dame höflich darauf hin, aber sie duldete keinen Widerspruch. Ich solle mir die ganze Geschichte erst einmal anhören.

In der Tat hatte ihr unglückseliger Ehemann ein strafrechtliches Problem. Er war Autoverkäufer für hochpreisige Fahrzeuge in einem namhaften Autohaus und bei seiner Tätigkeit auch sehr erfolgreich.

Allerdings hatte er offenbar nebenbei während der Arbeitszeit stundenlange Gespräche mit einer sogenannten 0900er-Nummer geführt. Die Gesamtsumme von 10 587,33 Euro war dem Inhaber des Autohauses auf der Monatsrechnung aufgefallen.

Die eingeschaltete Polizei fand schnell heraus, dass die schmutzige Hotline vom Arbeitsplatz des Autoverkäufers aus angewählt worden war. Umso erstaunlicher war, dass der Chef ihn nicht sofort vor die Tür gesetzt hatte. Er hatte lediglich eine Sperre für 0900er-Nummern in der hauseigenen Telefonanlage eingerichtet, wollte aber seinen hochgeschätzten Mitarbeiter bei Beibehaltung voller Bezüge vorerst weiterbeschäftigen. Ein abgekartetes Spiel des Inhabers, den Autoverkäufer durch Inszenierung einer solchen Tat loszuwerden, war damit schon einmal auszuschließen.

Die polizeiliche Vorladung des Autoverkäufers zur Beschuldigtenvernehmung hatte dummerweise seine Ehefrau im Briefkasten gefunden und geöffnet. Wie sie mir stolz mitteilte, hatte er seine Post seit der Hochzeit ohnehin nicht mehr selbst öffnen dürfen.

Nun ist es ja nicht verboten, (Sex-)Hotlines anzurufen.

Verboten ist es aber, dies mit dem Telefon eines anderen ohne dessen Zustimmung zu tun und ihm dadurch einen finanziellen Schaden zuzufügen. Das nennt man Betrug, auch wenn die Frau des Autoverkäufers das mit dem Betrug natürlich in einem anderen Kontext sah und die Schuld meines Mandanten noch keineswegs bewiesen war. Die Ermittlungen standen noch ganz am Anfang.

Aus gutem Grund gilt in fast allen demokratischen Staaten die sogenannte Unschuldsvermutung. Diese besagt, dass ein Verdächtiger so lange als unschuldig zu gelten hat, bis seine Schuld im Rahmen eines nach rechtsstaatlichen Prinzipien durchgeführten Gerichtsprozesses rechtskräftig festgestellt worden ist.

Im Hause des Autoverkäufers schienen allerdings andere Regeln zu gelten, ohnehin hatte ich nicht den Eindruck, dass die Ehe der Hubers sonderlich demokratisch organisiert war. Vermutlich deshalb traute sich der Autoverkäufer auch nichts zu den Vorwürfen zu sagen – zumindest nicht in Anwesenheit seiner Frau.

Während sie allerdings kurz die Kanzlei-Toilette aufsuchte, beteuerte er mir gegenüber in flüsterndem Ton, nichts mit der Sache zu tun zu haben. Er traue sich nicht, seiner Frau zu widersprechen, bat mich aber inständig, für ihn die ganze Angelegenheit aufzuklären.

Bei der Indizienlage kein leichtes Unterfangen, zumal ich es offen gesagt für wahrscheinlicher hielt, dass Herr Huber schuldig war. Alle Anrufe auf die 0900er-Nummer waren vom schnurlosen Diensttelefon des Autoverkäufers getätigt worden und auch immer nur dann, wenn er im Betrieb anwesend war. Die Polizei hatte sogar geprüft, ob eine heimliche Nutzung durch einen anderen Kollegen in Frage gekommen wäre, dies konnte aber anhand der Dienstpläne ausgeschlossen werden. Anders als die Kollegen war Herr Huber als einziger Mitarbeiter an allen besagten Tagen, an denen es zu Verbindungen mit der 0900er-Nummer kam, im Dienst.

Eine Verurteilung schien unausweichlich, auch wenn fraglich blieb, ob das, was er von seiner Ehefrau zu erwarten hatte, eine schönere Alternative war.

Es kam allerdings alles ganz anders.

In der Zwischenzeit meldete sich ein neuer Mandant bei mir. Sein Problem schien mir aber sehr bekannt: Er war Autoverkäufer, und ihm wurde vorgeworfen, von seinem Diensttelefon aus eine Sex-Hotline angerufen zu haben, was seinem Arbeitgeber einen Schaden von knapp 9000 Euro verursacht hatte.

Auch der neue Mandant leugnete beharrlich, irgendetwas mit den Anrufen zu tun zu haben. Die Fälle schienen identisch, nur eine Sache war anders: Der neue Mandant hatte keine Ehefrau, er war homosexuell und machte daraus auch keinen Hehl.

Merkwürdig war nur, dass es sich bei der angewählten Sex-Hotline in beiden Fällen um exakt dieselbe 0900er-Nummer handelte. Wenn einer der Autoverkäufer auf Frauen und der andere auf Männer steht, dann müsste diese Hotline schon ein weites Spektrum an sexuellen Vorlieben abdecken.

Letzteres ließ sich durch einen kurzen Anruf herausfinden – wenn auch mit einer gewissen Ironie: Meine Mandanten waren bei der Polizei angezeigt worden, weil sie als Arbeitnehmer Sex-Hotlines während der Arbeitszeit auf Kosten ihrer Arbeitgeber angerufen haben sollten; mit der unmittelbaren Folge, dass nur wenig später ihr Anwalt Sex-Hotlines während der Arbeitszeit auf Kosten seiner »Arbeitgeber« (nämlich der Mandanten) anrufen sollte!

Die Gesprächsannahme der mysteriösen Sex-Hotline erfolgte bereits nach zweimaligem Tuten – doch am anderen Ende der Leitung war keinerlei menschliche Regung zu vernehmen. Es war schlicht und ergreifend gar nichts zu hören, obwohl das Telefon anzeigte, dass eine Verbindung bestand. Auch weitere Versuche, unter der besagten Nummer an eine wie auch immer geartete sexuelle Gegenleistung für die dennoch in Rechnung gestellten Verbindungen zu gelangen, scheiterten. Eine technische Störung war auszuschließen.

Jetzt gibt es zwar allerhand unorthodoxe Fetische: angefangen vom kostenpflichtigen Achselhaareausreißen mit anschließender Verköstigung derselbigen bis hin zum Austausch von Körperflüssigkeiten mit Kleinwüchsigen (in Kennerkreisen auch »Taste-a-Midget« genannt); doch dass beide Autoverkäufer den gleichen Fetisch hatten, und zwar für nichts Geld bezahlen zu wollen, indem sie über Stunden hinweg eine Sex-Hotline anrufen, bei der keinerlei Gegenleistung in Form von wie auch immer gearteten sexuellen – zumindest aber hörbaren – Dienstleistungen angeboten wird, das erschien doch äußerst unwahrscheinlich.

Die zuständige Staatsanwältin unterzog den Anschlussinhaber der ominösen Sex-Hotline deshalb einer genaueren Prüfung. Das Ergebnis: Keine namhafte Erotikkette und auch kein großes Callcenter, sondern eine Privatperson. Wohnhaft in einer als das Gegenteil von schick zu bezeichnenden Plattenbausiedlung. Der Mann war ledig und bei den Behörden als arbeitslos, respektive arbeitssuchend gemeldet.

Letzteres machte ihn für die Staatsanwältin besonders interessant. Denn wenn er eine Sex-Hotline betrieb, war er auch nicht arbeitslos, was wiederum strafbar wäre. Da die Polizei jedoch den geschäftigen, aber wenig beschäftigten Sex-Hotline-Betreiber bei mehreren Versuchen, ihn zu der Sache zu befragen, nicht zu Hause angetroffen hatte, wurden die ermittelnden Polizeibeamten misstrauisch. Sie beschlossen ihn daher zu observieren.

Pünktlich um neun Uhr dreißig am nächsten Morgen verließ der unscheinbare Unternehmer sein Haus. Es stellte sich schnell heraus, dass der arbeitsuchende Sex-Hotline-Betreiber ein ausgesprochenes Interesse für Autos zu haben schien. Denn er suchte diverse Autohäuser der verschiedensten Automarken auf.

Die Beamten sahen, wie er jeweils in die Autohäuser hineinging, sich umsah, sich mit Autoverkäufern unterhielt, das Autohaus wieder verließ und direkt zum nächsten Autohaus fuhr. Seine ›Autophilie‹ war allerdings wohl eher platonisch ausgeprägt, denn sämtliche Ausflüge zu den Autohäusern unternahm er mit der U-Bahn. Laut Verkehrszentralregister war er nicht einmal im Besitz eines Führerscheins.

Einer der Beamten folgte dem dynamischen Jungunternehmer schließlich als Kunde getarnt in das nächste Autohaus.

In dem Observationsbericht hielt er seine Beobachtungen akribisch fest:

– Wie sich der Mann wahllos die Neuwagen ansieht,
– nach einiger Zeit von einem geschäftstüchtigen Autoverkäufer angesprochen wird,
– sich eines der Fahrzeuge genauestens erklären und vorführen lässt,
– sich zusammen mit dem Autoverkäufer in dessen Büro bitten lässt und etwas zu trinken angeboten bekommt,
– in der Zeit, in der der Autoverkäufer das Zimmer kurz verlässt, um ihm aus der angeschlossenen Teeküche ein Getränk zu holen, dessen Schnurlostelefon in seine Tasche steckt,
– und wie er das Schnurlostelefon nach der Verabschiedung von dem Autoverkäufer in einem unbeobachteten Moment in einem der Autos plaziert.

Beim Verlassen des Autohauses wurde der Hotline-Betreiber festgenommen.
Er gestand sofort. Er hatte zufälligerweise festgestellt, dass Autohäuser einen ungehinderten Zugang zu den ausschließlich mit Schnurlostelefonen ausgestatteten Arbeitsplätzen ihrer Verkäufer bieten.
Diese hatte er dann an sich genommen, seine kostenpflichtige Nummer angewählt und dann in den Ausstellungsfahrzeugen versteckt, um an leicht verdientes Geld zu gelangen.
Eine Auswertung sämtlicher Telefonverbindungen der enttäuschenden »Sex-Hotline« ergab, dass es noch zahlreiche weitere geschädigte Autohäuser gegeben haben musste, die bis dahin – wohl aus Scham – keine Anzeige erstattet hatten. Jedenfalls wurden die Strafverfahren ge-

gen meine beiden Mandanten selbstverständlich eingestellt.

Nicht eingestellt hingegen wurde Herrn Hubers Therapieprogramm. Seine Frau wies ihn an, die angefangene Sexualtherapie bis zum Ende durchzuziehen. Rein vorsorglich, damit er nicht doch noch irgendwann auf schmutzige Ideen kommt.

Der Fruchtzwerg

Es war ein ungleiches Paar, das mir da an meinem Kanzleischreibtisch gegenübersaß. Das Einzige, was die beiden gemein hatten, war das Alter. Ich schätzte sie beide auf Anfang vierzig. Ansonsten schien sich das alte Sprichwort, dass sich Gegensätze anziehen, einmal mehr zu bewahrheiten: Er war russischer Herkunft, bekleidet mit Maßanzug, Manschettenknöpfen und goldener Rolex, gute 1,90 Meter groß, sehr maskuline Gesichtszüge. Ein Mann, der genau zu wissen schien, was er wollte.

Seine Begleiterin hingegen wirkte alles andere als selbstbewusst, eher schüchtern. Sie war sehr schweigsam, über Gebühr höflich, allerdings im Gegensatz zu ihrem Ehemann merkwürdig unpassend gekleidet, zumindest für ihr Alter: kurzer Knitterrock mit schwarzen Kniestrümpfen, geblümte Ballerinas und ein hochgeschlossener Pullover mit einem übergroßen aufgedruckten Pandabärenmotiv. Doch den offensichtlichsten Gegensatz zu ihrem bulligen Ehemann stellten ihre zierliche Figur und ihre Körpergröße von kaum mehr als 1,40 Meter dar.

Der gut gekleidete Herr, der mir da gegenübersaß, sollte im Besitz von Kinderpornographie gewesen sein – zumindest war das der Vorwurf, weswegen er um sechs

Uhr morgens von einem polizeilichen Durchsuchungskommando unsanft geweckt worden war. Dabei hatte er die Frage eines Durchsuchungsbeamten, ob er pädophile Neigungen habe, laut Protokoll lautstark verneint. Dennoch hatte der Polizist eine detaillierte Personenbeschreibung der zierlichen Lebensgefährtin meines Mandanten protokolliert und als persönlichen Eindrucksvermerk festgehalten: »Die pädophilen Neigungen des Beschuldigten manifestieren sich bereits in dem kindlichen Körperbau und Kleidungsstil der Lebensgefährtin des Beschuldigten.«

Ziemlich unverschämt, dachte ich einerseits, andererseits: Je länger ich mir besagte Lebensgefährtin während des Gesprächs ansah, desto mehr ertappte auch ich mich dabei, von genau denselben Vorurteilen geleitet zu werden. Laut polizeilichem Durchsuchungsprotokoll hatte sie den Beamten zu allem Überfluss auch noch in einem knapp geschnittenen pinken Nachthemd die Tür geöffnet – ebenfalls mit Pandabärenaufdruck. Einer von beiden schien jedenfalls ein ausgeprägtes Faible für diese Tiere zu haben – und irgendwie traute ich dem Russen schon zu, nicht nur eine Vorliebe für Pandabären, sondern auch für Kinder zu haben. So ist das nun mal mit dem »ersten Eindruck« – er ist ganz schön oberflächlich.

Zum Glück taten die persönlichen Vorlieben meines Mandanten hier überhaupt nichts zur Sache. Er durfte sie einfach nur nicht ausleben, soweit dies strafbar wäre. Daher erklärte ich ihm, dass die Polizei erst einmal zweifelsfrei nachweisen müsse, dass er Kinderpornographie besaß, und das zudem wissentlich. Alles andere war irrelevant. Der Russe bestritt allerdings vehement, auch nur irgendetwas mit Kinderpornographie zu tun zu haben. Er schien sich seiner Sache dabei sehr sicher zu sein. Er erklärte mir, dass er ohnehin nur deswegen zu mir gekommen war, weil die Polizei seine umfangreiche DVD-Sammlung, überwiegend private Urlaubsaufnahmen, sichergestellt hatte. Diese wolle er schnellstmöglich zurück, koste es, was es wolle. Die »Urlaubsaufnahmen« schienen einen hohen ideellen Wert für ihn zu haben.

Ich nahm mich der Sache an, der Fall war im Prinzip Routine: Sollte die Auswertung der DVDs mit den »Urlaubsaufnahmen« keine kinderpornographischen Inhalte ergeben, würde mein Mandant diese von der Polizei ohne weitere Probleme wieder zurückbekommen. Wenn aber illegales Material darauf gefunden werden würde, dann gab es immer noch die Möglichkeit, andere wichtige Daten wie zum Beispiel die Urlaubsbilder gegen Zahlung einer Aufwandspauschale gesondert zurückzuerhalten.

So oder so hatte der gut gekleidete Russe nicht allzu viel zu befürchten, auch nicht in strafrechtlicher Hinsicht. Denn obwohl die Gesellschaft den Besitz von Kinderpornographie extrem verurteilt, sieht der Gesetzgeber das etwas differenzierter: Bestraft wird man nach deutschem Recht grundsätzlich nicht für unmoralisches, sondern nur für sozialschädliches Verhalten. Dies setzt üblicherweise voraus, dass man einem anderen Menschen einen Schaden von gewisser Erheblichkeit zufügt.

Aber anders als derjenige, der zur Herstellung kinderpornographischen Materials Kinder missbraucht, ist der bloße Betrachter von Kinderpornographie an diesem Missbrauch unmittelbar nicht beteiligt. Der bloße Besitz von Kinderpornographie fügt also niemandem unmittelbar einen Schaden zu: Ob das kinderpornographische Video von einer oder von tausend Personen gesehen wird, macht für die Verwerflichkeit des eigentlichen Missbrauches an dem Opfer keinen Unterschied. Der einzige einigermaßen haltbare Vorwurf jenseits moralischer Verurteilung ist, dass man durch den Besitz letztlich die Nachfrage nach Kinderpornographie und damit den sexuellen Missbrauch von Kindern fördert.

Auch dies mag moralisch höchst verwerflich sein, im Strafrecht lässt sich hieraus aber allenfalls eine weit entfernte Mitschuld konstruieren. Denn dass der Einzelne, bei dem Kinderpornographie gefunden wird, den Kindesmissbrauch verhindert hätte, wenn er die entsprechenden Dateien nicht bezogen hätte, darf stark bezweifelt werden. Die Strafbarkeit des bloßen Besitzes von Kinderpornographie hat also nur unter eher fragwürdigen Argumenten Eingang ins Strafgesetzbuch gefunden. Die Strafe soll dazu dienen, die Nachfrage einzudämmen und die Produktion von Kinderpornographie dadurch weitgehend zu verhindern. Deshalb hat der Gesetzgeber auch erkannt, dass der Strafgrund des Besitzes von Kinderpornographie auf tönernen Füßen steht, weshalb hierfür im Ergebnis ein sehr niedriges Strafmaß vorgesehen ist: Geldstrafe oder maximal drei Jahre Freiheitsstrafe.

Zum Vergleich: Für einen einfachen Diebstahl können nach dem Strafgesetzbuch bereits bis zu fünf Jahre Freiheitsstrafe verhängt werden; wenn das Diebesgut besonders gesichert ist (wie z. B. Zigaretten durch Rollgitter an der Supermarktkasse), sind sogar theoretisch bis zu zehn Jahre Haft möglich.

Kurzum: Selbst wenn die Polizei unter den »privaten Urlaubsvideos« meines russischen Mandanten ein paar Kinderpornos finden würde, wären die strafrechtlichen Konsequenzen eher gering. Als Ersttäter könnte er mit guter Argumentation sogar mit einer kleineren Geldstrafe davonkommen, so gering, dass sie unterhalb der Grenze dessen stünde, was in das polizeiliche Führungszeugnis einzutragen wäre.

Ich war überrascht, als ich wenige Wochen später einen Anruf aus der Haftanstalt erhielt. Vor den Augen seiner Angestellten und zwei anwesenden Großkunden hatte man den großgewachsenen Russen ohne Vorwarnung festgenommen. Der Tatvorwurf: schwerer sexueller Missbrauch von Kindern. Ich machte mich sofort auf den Weg.

Er sah mitgenommen aus. Die sonst so adrett geknotete Krawatte hing nur noch lose gebunden um seinen Hals. Den Tatvorwurf konnte er sich nicht erklären. Nochmals beteuerte er, dass er mit Kindern nichts am Hut habe.

Aus der Akte, die man mir in Vorbereitung auf die anstehende Haftbefehlseröffnung fünf Minuten vorher lieblos in die Hand gedrückt hatte, war dann auch zu entnehmen, warum der Russe so plötzlich festgenommen worden war: Bei der Durchsicht der »Urlaubs-DVDs« hatten die Polizeibeamten Videosequenzen entdeckt, in denen der Russe sich zu einem offensichtlich minderjährigen Mädchen gesellt hatte, das mit dem Gesäß zur Kamera auf dem Bett kniete. Sie sei an Händen wie Füßen mit Handschellen gefesselt gewesen, und zu allem Überfluss wären ihr Mund und Augen mit zwei schwarzen Lederbändern verbunden worden. Im weiteren Verlauf der Videosequenzen sei zu sehen, wie der Beschuldigte kleinere Früchte wie Erdbeeren, Trauben und Kirschen mit Sonnenblumenöl beträufelte, um sie dann in die Vagina des Mädchens einzuführen.

Für den Haftrichter war die Eröffnung des Haftbefehls nur noch reine Formsache. Zwar ist die Eröffnung eines Haftbefehls vom Gesetzgeber zwingend vorgeschrieben, damit der Richter unter anderem nochmals überdenken kann, ob die Inhaftierung des Verdächtigen wirklich notwendig und rechtmäßig ist, doch das war dem Richter offensichtlich egal. Er konnte und wollte auch nicht verbergen, wie sehr ihm der großgewachsene Russe zuwider war.

»Ich denke, wir können die Sache hier abkürzen, und Sie geben die Vorwürfe gleich zu«, nuschelte der Richter beim Durchsehen der Akte, ohne den Russen auch nur eines Blickes zu würdigen.

»Herr Richter, man will mir hier was unterschieben, anders kann ich mir das nicht erklären!«, erwiderte der Russe mit seinem gewohnt harten Akzent. Ob seiner stattlichen Figur hatte man ihn vorsorglich in Hand- und Fußfesseln gelegt, er wurde von zwei Justizbeamten bewacht.

Der Richter ging gar nicht erst auf diese Antwort ein. Nachvollziehbar, denn solche Schutzbehauptungen hört man im Strafrecht oft, und sie stimmen so gut wie nie. Als der Richter jedoch im unmittelbaren Anschluss dazu ansetzte, seine Formblätter für die angeordnete Untersuchungshaft zu unterschreiben, war der Punkt gekommen, wo moralische Befindlichkeiten der Rechtsstaatlichkeit weichen mussten: Ich unterbrach ihn höflich, aber bestimmt und bat darum, das besagte Videomaterial erst noch in Augenschein nehmen zu können.

»Das ist nicht Ihr Ernst!«, antwortete der Haftrichter empört. »Ich will und brauche dieses widerliche Material nicht zu sehen. Der dringende Tatverdacht ergibt sich bereits aus dem Polizeibericht. Die Kollegen von der Polizei haben das Material dort eindeutig beschrieben und ihren Mandanten auch.«

Jetzt war der Richter auch von mir angewidert. Aber das war mir egal: Vor einer so einschneidenden Maßnahme wie der Inhaftierung eines Menschen muss dieser schon wissen dürfen, warum der Staat ihn seiner Freiheit berauben will. Dazu gehört selbstverständlich auch die Einsicht in alle Beweismittel.

Zugegeben, es war nur ein sehr kleiner Strohhalm, nach dem ich als Anwalt in diesem Moment griff, denn in den meisten Fällen macht das Ansehen des inkriminierten Beweismaterials alles nur noch schlimmer.

Über einen blutigen Mord oder den Missbrauch eines Kindes »nur« lesen zu müssen, ist schon schlimm genug. Das Ganze dann auch noch in Bildern ansehen zu müssen, ist verstörend und führt daher meist zu einer Potenzierung der Strafe – Richter sind eben auch nur Menschen.

Aber ich wollte nicht vorschnell aufgeben. Immerhin bestand ja noch die geringe Hoffnung, dass die besagten Videosequenzen tatsächlich nichts mit meinem Mandanten zu tun hatten. Oder vielleicht war das Kind doch älter als von der Polizei angenommen?

Ich bestand also auf die Inaugenscheinnahme der DVDs, mit dem Ergebnis, dass mich der Richter von nun an ebenso abfällig behandelte wie meinen Mandanten. Aber das war ich gewohnt, getreu dem oft gehörten Satz: »Wie können Sie solche Leute nur verteidigen!«

Das donnernde Lachen, das beim Aufflackern der ersten Videosequenz auf dem veralteten Justiz-Fernseher die peinlich berührte Stille durchbrach, sollte den richterlichen Groll gegen mich schnell in Vergessenheit geraten lassen. An den Gesichtern der anderen Anwesenden konnte ich erkennen, dass nicht nur ich es war, der in diesem Augenblick nicht verstand, was meinen Mandanten zu diesem ungewöhnlichen Auftritt bewegte.

Aber weder die rohe Gewalt der Wachtmeister, die den Russen ob seines lauten Lachens sogleich beherzt zu Boden gebracht hatten, noch die mahnenden Worte des nunmehr mit sich überschlagender Stimme schreienden Richters halfen dabei, den lauthals lachenden Mann zu bändigen.

Ich rechnete damit, dass der Richter ihn gleich wieder in die Vorführzelle abführen lassen würde. Doch noch ehe sich der Richter selbst wieder sammeln konnte und der großgewachsene Russe vor lauter Lachen und mittlerweile nach Luft ringend unsanft zurück auf seinen Stuhl gesetzt werden konnte, fiel dieser eine Satz, der allen Anwesenden und vermutlich insbesondere dem Richter unvergessen bleiben würde:

»Das Kind da auf dem Fernseher mit der Erdbeere in der Muschi, das ist meine Frau.«

Es dauerte einen Moment, bis ich realisierte, was mein Mandant da eben gesagt hatte. Statur und Haarfarbe des »Kindes« auf dem Bildschirm vor mir passten exakt zu der zierlichen Frau mit dem Panda-Pulli, dem Knitterrock und den Blümchenballerinas, die ich vor wenigen Wochen in meiner Kanzlei kennengelernt hatte. Das da auf dem Bildschirm konnte sie wirklich sein!

Ganze vier Wochen saß der stattliche Russe noch in Untersuchungshaft, bevor dem Spuk durch ein anthropologisches Vergleichsgutachten ein Ende gemacht wurde. Ein Rechtsmediziner stellte zweifelsfrei fest, dass es sich bei dem angeblich missbrauchten »Kind« um die fünfundvierzigjährige Ehefrau des Russen handelte, klar identifiziert anhand eines auffälligen Muttermals auf der linken Pobacke. Zu gerne aber hätte ich den Gesichtsausdruck des Haftrichters gesehen, als er daraufhin den Haftbefehl gegen meinen Mandanten aufheben musste. Der Fall hatte sicherlich bei uns allen einen bleibenden Eindruck hinterlassen. Früchte esse ich jedenfalls keine mehr. Ich mochte Obst ohnehin noch nie sonderlich.

Spanner langer Hansel

Für einen Mann war er ziemlich klein. Zudem war er stark untersetzt, hatte einen kahlrasierten Kopf und trug einen sehr markanten tiefschwarzen Oberlippenbart.

Vor allem der Oberlippenbart störte. Er unterstrich leider genau das, was der Richter besser nicht denken sollte.

Viele Mandanten vergessen, dass der für sie zuständige Richter nämlich schon längst die Ermittlungsakte kennt und sich sein ganz eigenes Bild von dem Angeklagten gemacht hat, ehe er den Mandanten überhaupt zu Gesicht bekommt.

Wenn dieses Bild sich dann allein aufgrund der äußeren Erscheinung des Mandanten noch vollumfänglich bestätigt, dann sind die Würfel schneller gefallen, als man es von einer solch objektiven und neutralen Instanz wie einem Gericht erwarten möchte.

Das bedeutet natürlich nicht, dass man sich vor Gericht verkleiden sollte. Wenn ein Hilfsarbeiter vor Gericht erscheinen muss, erwartet der Richter nicht, dass er im Anzug aufläuft. Seine Aussage würde dann vielleicht ebenso wie sein Aufzug gekünstelt wirken. Umgekehrt kann es schnell respektlos wirken, wenn ein Banker in Jeans und T-Shirt zur Gerichtsverhandlung auftaucht.

Wenn allerdings der Beschuldigte eines Sexualdeliktes

im Stil eines Pornodarstellers der 80er Jahre dem Gericht seine Aufwartung zu machen beabsichtigt und damit dem Richter schon rein optisch den klischeehaften Phänotyp eines verklemmten »Perverslings« quasi auf dem Präsentierteller serviert, dann ist es eben auch unbequeme Aufgabe des Anwaltes, diesen desolaten Eindruck nach Möglichkeit zu verhindern – auch auf die Gefahr hin, dass der Mandant dem »unverschämten« Anwalt sofort das Mandat kündigt.

Den »Porno-Schnauzer« würde sich mein Mandant für die anstehende Gerichtsverhandlung also besser abrasieren müssen.

Bruno – so hieß der kleine Mann mit dem unvorteilhaften Schnauzer – war wegen »Beleidigung auf sexueller Grundlage« angezeigt und von der Polizei sogar vorläufig festgenommen worden.

Bis vor kurzem hatte er für ein Fast-Food-Restaurant als Geschäftsführer gearbeitet. Nach der öffentlichkeitswirksamen Festnahme vor den Augen aller Angestellten war Bruno allerdings arbeitslos. Die Fast-Food-Kette hatte ihm noch am selben Tag fristlos gekündigt.

Arbeitsrechtlich war in der Angelegenheit jedenfalls nichts zu machen. Bruno war in höchstem Grade verdächtig, das Ansehen einer ganzen Fast-Food-Kette in Verruf gebracht zu haben. Zwar bestritt Bruno die ihm zur Last gelegte Tat, aber seine Verteidigungs- und Erklärungsversuche waren, mit Verlaub gesagt, erbärmlich.

Folgendes hatte sich an besagtem Tag abgespielt: Auf die freundliche Nachfrage einer jungen Kundin hin, wo denn die Toiletten seien, hatte Bruno es sich als pflichtbewusster Geschäftsführer nicht nehmen lassen, ihr persönlich den Weg zu zeigen. Ein wahrer »Gentleman«, mochte man meinen, nur vor Gericht sagte die Kundin später aus, dass sie es schon als sehr unangebracht empfunden hätte, dass Bruno sie bis in die Damentoilette hinein begleitet habe. Sie sei ihn erst losgeworden, nachdem sie ihm etwas ungehalten die WC-Türe vor der Nase zugeknallt hatte.

Wobei, wirklich losgeworden war sie Bruno dadurch nicht. Bruno hatte sich kurzerhand in die benachbarte Toilettenkabine begeben, war auf die Kloschüssel gestiegen und hatte die junge Kundin noch eine ganze Weile bei der Verrichtung ihrer Notdurft beobachtet, ehe sie bei einem beiläufigen Blick zur Decke seinen buschigen Schnauzer bemerkt hatte.

Schreiend war die junge Frau von der Toilette aufgesprungen, hinausgestürmt und geradewegs in die Arme der völlig verdutzten Klofrau gerannt. Zwar sprach diese nur schlecht Deutsch, aber die Worte »Mann auf Damenklo« ließen wenig Interpretationsspielraum zu. Ziemlich geistesgegenwärtig hatte die Klofrau ihren Besen unter die Türklinke der Damentoilette geklemmt. Egal wen sie da nun im Damenklo gefangen hatte, es gab keinen Ausweg.

Als die eingetroffenen Polizeibeamten zusammen mit der Klofrau und der immer noch unter Schock stehenden Kundin die verriegelte Damentoilette betraten, empfing sie darin ein betont gelassener Bruno. Sofort wandte er sich an die Klofrau mit den Worten: »Gut, dass Sie hier sind. Ich habe hier gerade einen ausge-

dehnten ›Sauberkeitscheck‹ durchgeführt. Sie müssen künftig deutlich besser putzen.«
Als die hiervon unbeeindruckten Polizeibeamten Bruno zur Rede stellten, gab er sich empört. Als pflichtbewusster Geschäftsführer sei er selbstverständlich gehalten, regelmäßig in der gesamten Anlage die Sauberkeit zu überprüfen – auch auf der Damentoilette. Die Anschuldigung, die junge Kundin über die Toilettenwand hinweg »bespannt« zu haben, wies er als absurd von sich. Wenigstens die Klofrau glaubte ihm.

Gut, es ist nicht ungewöhnlich, dass ein Beschuldigter auf unglaubwürdige Ausreden zurückgreift. Ich habe mir da als Anwalt über die Jahre hinweg schon einiges anhören dürfen: vom Mörder, der vehement bestritt, mit der Sache etwas zu tun zu haben, obwohl er kurz vorher Leichensäcke bei eBay bestellt hatte, bis hin zum Exhibitionisten, der sich beim schnellen Verschließen seines Hosenschlitzes sein bestes Stück im Reißverschluss einklemmte und deshalb operiert werden musste, aber dennoch bestritt, je seinen Penis hergezeigt zu haben.
Mit anderen Worten, selbst bei den abenteuerlichsten Ausreden können zumindest gewisse Restzweifel bleiben. Nicht so im Fall von Bruno. Denn mit Ausnahme der Klofrau zweifelte wirklich niemand auch nur eine Sekunde daran, dass sich alles genau so wie in den Schilderungen der jungen Kundin abgespielt hatte.
Allein dieser dringende Verdacht gegen Bruno rechtfertigte bereits seine Kündigung. Das Vertrauensverhältnis zwischen der Fast-Food-Kette und Bruno war durch Brunos »Aktion« nachhaltig gestört.

In Bezug auf das Strafrecht konnte ich Bruno allerdings Entwarnung geben. Zwar hatte ihn der Staatsanwalt einige Wochen später sogleich angeklagt, aber sosehr Staatsanwalt und der Richter in der späteren Gerichtsverhandlung gegen Bruno wetterten, seine abenteuerlichen Einlassungen zum »wahren« Tathergang belächelten und ihn klar als »Sittenstrolch« vorverurteilten, Bruno hatte sich nicht strafbar gemacht.

Die »sexuelle Belästigung« gibt es im deutschen Strafrecht nicht. Ebenso wenig einen Paragraphen gegen »Spannen«. Zwar können schon geringfügigere Entgleisungen in diesem Bereich sehr wohl ernste zivilrechtliche Konsequenzen nach sich ziehen, wie beispielsweise eine Kündigung durch den Arbeitgeber, ein Hausverbot oder gar eine größere Schmerzensgeldzahlung, doch nicht jedes moralisch zu missbilligende Verhalten ist automatisch auch strafrechtlich verfolgbar.

Dass Brunos Richter ihn dennoch gern verurteilt hätte, war für mich nichts Neues. Denn allzu gerne und oft versucht manch ein Strafrichter oder Staatsanwalt das Gesetz konform seiner eigenen Moralvorstellungen auszulegen, so dass entsprechend ungehöriges Verhalten dann doch plötzlich auch strafbar sein soll. Sehr gerne wird hierzu die sogenannte »Beleidigung auf sexueller Grundlage« genutzt.

Die Frage, wann eine Beleidigung beginnt oder aufhört, gewährt naturgemäß einen weiten Interpretationsspielraum. Während in Bayern jemand, der als »Hund« betitelt wird, als besonders gewieft gilt, dürfte ein Hamburger diese Bezeichnung als blanke Missachtung auffassen. Daher kommt es, wie so oft im Strafrecht, bei der

Beleidigung maßgeblich darauf an, was der Täter gegenüber der geschädigten Person mit seinem Tun oder Sagen ausdrücken will.

Brunos Opfer, die junge Kundin, mag sich von Brunos Verhalten, sie ohne jedwede Scham bei der Verrichtung ihrer höchstpersönlichen Notdurft zunächst unbemerkt zu beobachten, mit Sicherheit beleidigt gefühlt haben. Bruno hingegen hatte aber aus seiner Sicht überhaupt nicht die Intention gehabt, die junge Frau zu beleidigen. Subjektiv betrachtet wollte sich Bruno lediglich am Anblick der jungen Dame »erfreuen« (aufgeilen wäre wohl der passendere Ausdruck, aber ich vermied ihn aus Respekt dem Mandanten gegenüber).

Der Spanner will eben gerade nicht seinem Opfer gegenüber Missachtung zum Ausdruck bringen, im Gegenteil, er will ja gar nicht erst entdeckt werden!

Meine Rechtsausführungen entsprachen der höchstrichterlichen Rechtsprechung. Der Richter konnte gar nicht anders. Mit großem Unmut musste er Bruno freisprechen.

Dennoch erklärte ich dem allzu sehr triumphierenden Bruno im Anschluss an die Gerichtsverhandlung, dass es in solchen Fällen »sexueller Belästigung« auf feine Nuancen in der Rechtsprechung ankommt. Zudem war sein Verhalten zwar nicht strafbar, aber eindeutig rechtswidrig gewesen. Ich gab ihm also mit auf den Weg, in Zukunft besser vorsichtiger zu sein.

Meinem Rat sollte Bruno leider nicht lange folgen. Keine sechs Monate später saß ich wieder mit Bruno vor demselben Richter und demselben Staatsanwalt.

Diesmal hatte Bruno eine junge Nachbarin heimlich beim Duschen beobachtet. Die »Spurenlage« im wahrsten Sinne des Wortes war eindeutig: Die Tat ereignete sich im Winter, so dass die Polizei die frischen Fußspuren von Brunos Garten bis hin zum Fensterbrett der Nachbarin klar zurückverfolgen konnte. Dass sie mit Brunos Schuhgröße übereinstimmten, rundete alles ab.
Brunos abenteuerliche Einlassung, er habe einen von ihm verschossenen Fußball um sechs Uhr morgens bei völliger Dunkelheit suchen müssen, überzeugte nicht. Bruno hatte sich diesmal bei seinen plumpen Lügen noch nicht einmal sonderliche Mühe gegeben. Er war sich ohnehin sicher, auch dieses Mal mit seiner straflosen Spannerei glimpflich davonzukommen.
Aber auch wenn dem Richter jetzt gut bekannt war, dass das »Spannen« als solches nicht strafbar ist, verurteilte er Bruno diesmal trotzdem: wegen Hausfriedensbruchs. Den Garten der Nachbarin hätte Bruno eben nicht so ohne weiteres betreten dürfen – schon gar nicht zum straflosen, aber eben klar rechtswidrigen Spannen. Der Richter verhängte eine für Hausfriedensbruch durchaus empfindliche Geldstrafe.
Vielleicht hätte Bruno einfach besser auf meine Ratschläge hören sollen. Auch seinen Schnauzer hatte er bei der zweiten Gerichtsverhandlung konsequent stehen lassen.

Vergewaltigt

»Sehr geehrter Herr Dr. Stevens,

ich brauche dringend Ihre Hilfe.
Ich bin Feuerwehrfrau und arbeite bei der Berufsfeuerwehr. Hin und wieder werde ich im Rahmen des Schichtplans auf eine Außenstelle beordert, weil die Berufsfeuerwehr dort ein Einsatzfahrzeug für die Randbezirke der Stadt vorhält. Die Außenstelle ist rund um die Uhr mit zwei Einsatzkräften besetzt. Sowohl im Tag- als auch im Nachtdienst ist man dort also immer zu zweit. Das Einsatzaufkommen ist recht gering, daher verbringt man gerade während der Nachtschicht regelmäßig ziemlich viel Zeit auf der Außenstelle. Die Feuerwehr stellt uns dort auch eigene Räumlichkeiten zur Verfügung, in denen man sich ausruhen oder schlafen kann. Aufgrund der körperlich anspruchsvollen Arbeit wurde angeordnet, dass die Einsatzwägen entweder mit zwei Männern oder mit einer Frau und einem Mann, niemals aber mit zwei Frauen besetzt sein dürfen.
Seit einiger Zeit war ich immer wieder mit einem meiner Kollegen auf der Außenwache zum Dienst eingeteilt. Mit diesem Kollegen habe ich mich die ersten Male eigentlich ganz gut verstanden. Wir haben auch zusammen gelacht und Spaß gemacht.

Das war vermutlich ein Fehler. Irgendwann hat er bei einem der gemeinsamen Dienste damit angefangen, mir Komplimente zu machen und mir dabei sanft über die Schulter zu streicheln. Das war mir unangenehm. Ich wollte ihn aber auch nicht vor den Kopf stoßen. Deshalb erwiderte ich das Ganze mit einem irritierten Lächeln, sagte aber nichts weiter.
Beim nächsten Dienst fing er leider wieder damit an. Diesmal rückte er mich mit meinem Stuhl ganz dicht an den Schreibtisch heran, während ich Einsatzberichte in den Computer eingab. Dann bewegte er seine Hand von meinen Schultern runter, zu meiner Hose hin, um mir sogleich ungefragt unter mein T-Shirt zu fassen. Wirklich bewegen konnte ich mich in diesem Moment nicht, weil ich zwischen Stuhllehne und Schreibtischkante förmlich eingeklemmt war.
Ich habe ihm aber deutlich signalisiert, das sein zu lassen, indem ich mich stur auf die Arbeit am PC konzentriert habe. Das Ganze wiederholte sich dann leider über ein paar Dienste hinweg so. Ich bin aber wirklich nie auf seine Annäherungsversuche in irgendeiner Weise eingegangen. Deswegen war ich mir auch sicher, er würde bald damit aufhören.
Einige Wochen später waren wir nach längerer Zeit wieder einmal zusammen zum Nachtdienst auf der Außenwache eingeteilt worden. Der Kollege kam gleich in der ersten Nachtschicht zu mir in den Schlafraum und fragte mich, ob ich ihm »einen blasen« wolle. Das habe ich natürlich nicht getan. Ich habe ihm gesagt, dass wir im Dienst seien und er mich bitte schlafen lassen soll. Er ließ mich in dieser Nacht dann auch in Ruhe.

Im nächsten gemeinsamen Nachtdienst kam er allerdings wieder zu mir in den Schlafraum und fragte mich erneut, ob ich ihm »einen blasen« wolle.

Wieder sagte ich ihm höflich, aber bestimmt, dass das schon aus dienstlichen Gründen verboten sei und dass ich jetzt schlafen wolle. Nur diesmal ging er leider nicht, sondern kam stattdessen zu mir ans Bett. Er fing an, mich unter der Bettdecke anzufassen, mir langsam unter die Hose zu greifen und mich im Intimbereich zu streicheln.

Ich sagte ihm nochmals, dass ich unbedingt schlafen müsse, weil ich im Falle eines Einsatzes ausgeschlafen sein wollte. Darauf hat er aber nicht reagiert und einfach weitergemacht.

Ich wusste nicht, was ich tun sollte, hätte ich mich gewehrt, hätte er das vielleicht persönlich genommen. Und das ansonsten gute Arbeitsklima zwischen uns beiden wollte ich auch nicht gefährden. Irgendwie hatte ich aber auch das Gefühl, mich gar nicht bewegen zu können.

Diese Situation wiederholte sich dann über mehrere Nachtdienste hinweg. Leider habe ich mich nicht getraut, mich zu wehren oder mit ihm darüber zu sprechen.

Anderen Kollegen oder Freunden konnte ich mich nicht anvertrauen, weil ich Angst hatte, dass mir niemand glauben würde. Und ohne jemandem von den Vorfällen zu erzählen, konnte ich ja auch keine triftige Begründung dafür liefern, warum ich mit diesem Kollegen nicht mehr zusammen Dienst tun wollte. Es war ein Teufelskreis.

Es wurde dann alles immer schlimmer. In der nächsten Nachtschicht fing er auch damit an, seinen Finger und seine Zunge in meine Vagina einzuführen. Wieder wusste ich nicht, wie ich mich verhalten sollte, und war wie versteinert.

Er ließ mich von nun an keine einzige Nachtschicht mehr in Frieden. Damit ich zumindest für die jeweils restliche Schicht meine Ruhe hatte, habe ich ihm dann einige Male freiwillig einen »geblasen«, um nicht weiter von ihm behelligt zu werden.

Leider führte das zu keinem langfristigen Erfolg. Es wurde alles noch fürchterlicher. Ein paar Nachtdienste später kam er wieder zu mir in den Schlafraum. Er wollte jetzt auch Geschlechtsverkehr mit mir haben. Ich habe einfach die Augen fest zugemacht und an etwas anderes gedacht. Ich bin mir auch nicht sicher, ob ich das nur geträumt habe oder ob es wirklich so passiert ist. Jedenfalls sehe ich, wie ich mit dem Rücken auf dem Bett liege, die Beine gespreizt. Er liegt mit seinem vollständig behaarten Körper und seinem ganzen Gewicht auf mir. Er fasst mich überall an und dringt tief in mich ein.

Der Situation gedanklich zu entfliehen hat mir einerseits sehr geholfen, das alles zu ertragen, andererseits frage ich mich seitdem jeden Tag, was er in der Nacht wirklich mit mir gemacht hat. Ich bin mir aber fast sicher, dass es kein Traum war. Es war jedenfalls die letzte Schicht, die ich mit diesem Kollegen hatte. Am nächsten Morgen habe ich fristlos gekündigt und meinen Beruf aufgegeben.

Herr Dr. Stevens, ich möchte nun gerne von Ihnen wissen, ob ich gegen diese Vergewaltigungen Anzeige er-

statten kann? Vielleicht hilft es mir ja, um mit der Sache endlich abzuschließen.

Mit freundlichen Grüßen«

Ich teilte der Frau mit, dass eine Anzeige wegen »Vergewaltigung« keine Aussicht auf Erfolg haben würde. Eine Rechnung stellte ich ihr für diese Auskunft nicht.

Der Maler und sein Pinsel

Ronny arbeitet seit mehr als zwanzig Jahren als ungelernter Malerhelfer, er hat bislang noch keinen einzigen Tag in der Arbeit gefehlt. Beschwerden über Ronny hat es nie gegeben.
Dennoch hatte Ronny in dem Strafverfahren gegen ihn von Anfang an keine Chance. Ihm war eine Pflichtverteidigerin gestellt worden. Beim ersten und einzigen Treffen kurz vor der Gerichtsverhandlung hatte sie ihm gesagt, er müsse einfach alles zugeben, dann würde er wahrscheinlich noch eine Bewährungsstrafe bekommen. Ronny verstand nicht, was seine Verteidigerin ihm gesagt hatte. Sein IQ – so das spätere Gutachten – war ziemlich niedrig. Er wusste nicht einmal, warum er überhaupt vor Gericht angeklagt war.
Die darauffolgende Gerichtsverhandlung verlief katastrophal für Ronny.
Eine junge Mutter hatte ausgesagt, sie habe beim Rauchen in der Nähe vom Spielplatz plötzlich bemerkt, wie »dieser Perversling« hinter dem Fenster seiner Wohnung stand und »sein Ding auspackte«. Er habe sie nicht direkt angeschaut, sondern eher ins Leere geschaut – wohl sein suchender Blick nach den Kindern, an deren Anblick er sich ergötzen wollte.
Der ambitionierte junge Staatsanwalt forderte eine Frei-

heitsstrafe von zwei Jahren und sechs Monaten. Der Vorwurf: Vornahme von sexuellen Handlungen vor Kindern. Ronny sei an seinem Fenster gestanden und habe onaniert, während er sich an spielenden Kindern aufgeilte.
Ronny selbst konnte in der Gerichtsverhandlung wenig beitragen. Was das Wort »onanieren« bedeutet, wusste er nicht einmal. Die Richterin wertete dies als absurde Schutzbehauptung.
Nur weil die befragten Kinder allesamt aussagten, dass sie Ronny nicht gesehen hätten, wurde der Tatvorwurf gegen Ronny auf versuchten sexuellen Missbrauch von Kindern »reduziert«. Die Richterin verurteilte ihn dennoch entsprechend den Vorstellungen des Staatsanwaltes. Eine Aussetzung der Strafe zur Bewährung war angesichts der Höhe der Freiheitsstrafe ausgeschlossen. Alles, was zwei Jahre Gefängnis übersteigt, kann schon von Gesetzes wegen nicht mehr außer Vollzug gesetzt werden.
Hätte nicht Ronnys Chef der Gerichtsverhandlung beigewohnt und mich angesichts seiner großen Bedenken gegen das seiner Überzeugung nach rechtswidrige und jedenfalls völlig überzogene Urteil kontaktiert, Ronnys Schicksal wäre im Gefängnis besiegelt worden. Seine Pflichtverteidigerin jedenfalls hatte keine Veranlassung gesehen, das Urteil anzufechten.
Noch am selben Tag legte ich Berufung ein. Die Staatsanwaltschaft schloss sich an: Die Strafe sei ihr noch nicht hart genug.
In der mir anschließend übersandten Ermittlungsakte befinden sich mehrere Fotos und Skizzen vom angeblichen Tatort. Die Polizei hatte umfassend in der Angele-

genheit ermittelt und sogar diverse Ausmessungen durchgeführt. Die Bilder der Akte waren von der Geschäftsstelle des Gerichtes in schlechter Qualität kopiert worden, aber das Wesentliche ist zu erkennen:

Ronny wohnt im Erdgeschoss. Anhand der Unterlagen fällt auf, dass sich in seinem Bad die Toilettenschüssel genau vor dem Fenster befindet. Der Kinderspielplatz ist knapp hundertfünfzig Meter vom Fenster des Malers entfernt. Dazwischen stehen mehrere Bäume.

Es ist eigentlich anhand der Faktenlage kaum möglich, dass die Kinder Ronny gesehen haben können – oder dass Ronny auch umgekehrt die Kinder gesehen haben könnte. Sicher ist nur, dass die junge Mutter, die zum Zeitpunkt der »Entdeckung« etwa auf halbem Weg an einem Baum beim Rauchen stand, sowohl Ronny als auch die Kinder sehen konnte.

Ich halte Ronny für unschuldig. Er antwortet zwar sehr zögerlich auf alle Fragen, was aber schlicht daran liegt, dass er nicht nur äußerst schüchtern, sondern auch intellektuell stark eingeschränkt ist. Insgesamt scheint Ronny ohnehin nicht sehr gerne zu reden, und über sein nicht vorhandenes Sexualleben erst recht nicht. Auch nachdem er etwas Vertrauen zu mir gefasst hat, bleiben seine Antworten kurz und wenig ausschmückend, ganz egal zu welchem Thema.

Er erinnert sich nur an einen Tag, wo eine junge Frau vor seinem Fenster rumgeschrien habe, als er gerade auf der Toilette war, was er aber schon dem Gericht bei der ersten Verhandlung gesagt habe. Jedenfalls sei ihm das unangenehm gewesen, er sei dann in die Küche gegangen. Etwa eine Stunde später sei die Polizei gekommen und habe seine Wohnung durchsucht, aber nichts mitgenommen.

Wie sich ferner aus den Akten ergibt, hatte die Polizei damals tatsächlich beschlossen, erst mal Ronnys Wohnung nach Kinderpornos zu durchsuchen, so etwas haben die Pädophilen ja erfahrungsgemäß immer daheim. Einen richterlichen Durchsuchungsbeschluss warteten die Beamten nicht ab. Für sie war ganz klar Gefahr im Verzug: Ronny hätte ja jederzeit wieder zuschlagen und aus dem Fenster starren können.

Ronny besaß keine Kinderpornos, er hatte noch nicht einmal einen Computer oder ein Smartphone. Es gab auch sonst keine Hinweise darauf, dass Ronny pädophil veranlagt sei. Den befragten Kindern war Ronny auch davor noch nie aufgefallen. Auch den Nachbarn nicht. Mit dem Gesetz hatte Ronny noch nie Probleme.

Polizei und Staatsanwaltschaft hatten den Vorwurf dennoch sehr ernst genommen. Gerade unauffällige Typen wie Ronny sind ja oft die gefährlichsten, das kenne man ja.

Das Problem am hohen gesellschaftlichen Rang des Kinderschutzes ist nur, dass die Ermittlungsbehörden mittlerweile regelmäßig weit über das Ziel hinausschießen. Bereits der bloße Verdacht, pädophil veranlagt zu sein, genügt als Rechtfertigung für jedes noch so rigorose behördliche Vorgehen. Es geht ja um die Kinder, da ist jedes Mittel recht. Und wer sich auf die Seite dieser Monster stellt, schadet nur den Kindern. »Entweder du bist für uns, oder du bist gegen uns.« Man bewegt sich also per se auf dünnem Eis, wenn man sich kritisch mit der Materie auseinandersetzt, auch oder erst recht als Anwalt.

Es ist sicherlich in diesem Zusammenhang nicht hilfreich, dass Ronny genau so aussieht, wie man im Spielfilm den psychotisch-pädophilen Sonderling, der sich als tickende Zeitbombe entpuppt, besetzen würde: leicht untersetzt, ungepflegt, Hornbrille, schüchternes Auftreten. Auch die Richter der Berufungsinstanz können es kaum verbergen, dass sie schon beim Anblick von Ronny fest von seiner Schuld überzeugt sind.

Wieder beteuert Ronny seine Unschuld. Er habe niemanden gesehen und sei einfach nur auf dem Klo gewesen, bis plötzlich diese Frau vor seinem Fenster rumgeschrien habe. Mehr wisse er nicht.

Der ambitionierte junge Staatsanwalt zelebriert sein Fragerecht, im Publikum sitzen einige Rentner und eine Schulklasse, die das »pädophile Schwein« leiden sehen wollen. »Leben Sie in einer Beziehung?«, »Hatten Sie schon einmal eine Freundin?«, »Sind Sie homosexuell?«, »Sind Sie bisexuell?«, »Sind Sie pädophil?«, »Wie sind Ihre sexuellen Vorlieben?« – jede einzelne Frage an Ronny hätte bereits für sich genügt, ihn vor Scham im Boden versinken zu lassen. Das Publikum im Zuschauerraum ist sichtbar erheitert, der Staatsanwalt quittiert es mit einem verschmitzten Siegerlächeln.

Nach Ronnys Befragung sagt schließlich die junge Mutter erneut als Zeugin aus. Sie hätte sich etwas abseits vom Spielplatz zum Rauchen hingestellt, sie wollte das nicht vor den Kindern machen. Da habe der »perverse Typ« am Fenster seiner Wohnung plötzlich den Penis ausgepackt. Er habe an ihr vorbei die Kinder angestarrt. Richtig widerlich sei das gewesen. Auf meine Nachfrage erzählt die junge Mutter, mein »widerlicher« Mandant habe sie erst bemerkt, als sie direkt vor seinem Fenster gestanden sei und gerufen habe: »Du mieses Schwein!« Dann sei das »miese Schwein« schuldbewusst geflüchtet. Ihre weiteren ungefragten Ausführungen, man solle solchen Leuten doch einfach den Penis abschneiden, unterbricht die vorsitzende Richterin nur halbherzig.

Ich weise darauf hin, dass der Spielplatz von Ronnys Fenster aus gar nicht einsehbar ist. Dies hatte sich sowohl durch die Lichtbilder in der Akte als auch durch die Aussage der Kinder bestätigt. Ronny konnte sich aber, denklogisch betrachtet, nicht am Anblick von Kindern aufgeilen, die er gar nicht zu sehen in der Lage war. Wir nehmen daher die Bilder aus der Originalakte in Augenschein.

Die Bilder sind diesmal deutlich erkennbar, ganz anders als die schlechte Bildqualität der Kopien aus der Zweitakte. Es gibt sowohl Fotos aus dem Blickwinkel von Ronnys Badezimmer in Richtung Spielplatz als auch vom Standpunkt der Zeugin draußen am Baum. Das Fenster ist jeweils gekippt, wie auch bei dem tatgegenständlichen »Vorfall«. Direkt hinter dem Fenster befindet sich die Toilettenschüssel, auf dem Spülkasten steht ein WC-Reiniger.

Bei genauerer Betrachtung fällt auf, dass auf dem Lichtbild, das die Polizei vom Gehweg aus in Ronnys Wohnung geschossen hatte, alles klar zu erkennen ist, sogar die Aufschrift auf dem WC-Reiniger. Bei dem obligatorisch gefertigten Lichtbild aus der Gegenrichtung, vom Innenraum des Badezimmers nach außen also, ist der gesamte Außenbereich durch das Fenster betrachtet milchig und verschwommen. Die Bäume und die gegenüberliegenden Gebäude sind nur schemenhaft zu erkennen.

Konnte es vielleicht sein, dass das Badezimmerfenster falsch herum eingebaut worden war? Ich beantrage ein entsprechendes bausachverständiges Gutachten und bei der Gelegenheit auch ein psychologisches über Ronny.

Im nächsten Gerichtstermin steht fest: Bei Ronny bestehen keinerlei Anhaltspunkte für eine pädophile Veranlagung. Das am »Tatort« befindliche Milchglasfenster von Ronnys Badezimmer wurde bei den vor seinem Einzug durchgeführten Renovierungsarbeiten verkehrt herum eingebaut. Ronny konnte also gar nicht nach draußen sehen, während man den Maler jedes Mal von außen beobachten konnte, wenn er vor seiner Toilettenschüssel stehend pinkelte.

Ronny wurde freigesprochen.

Auf mein Anraten hin kaufte er sich Vorhänge für sein Badezimmer.

Eine Tüte dazu?

Im Namen des Volkes ergeht folgendes Urteil: Der Angeklagte wird freigesprochen«.
Der Mann neben mir in Maßanzug, Designerschuhen und Schlips mit goldener Krawattennadel nahm das Urteil regungslos entgegen.
Wirklich freuen konnte ich mich nicht. Ich wusste, dass mein Mandant sehr wahrscheinlich schuldig war. Die Richter wussten es. Der Staatsanwalt wusste es. Der Sachverständige wusste es. Jeder im Gerichtssaal wusste es.
Doch das Gericht war an Recht und Gesetz gebunden. Es hatte meinen Mandanten freisprechen müssen, auch wenn die Indizien und die Lebenserfahrung klar gegen ihn sprachen. Echte Beweise gab es nicht, und die Indizien alleine konnten ihn nicht überführen.
Der Freispruch war die einzig juristisch korrekte Konsequenz. Zwar hatte der Amtsrichter in der ersten Instanz meinen Mandanten noch zu einer empfindlichen Freiheitsstrafe verurteilt, aber ich bin mir sicher, dass auch er dabei gewusst hatte, dass sein Urteil juristisch schlicht falsch war. Genau genommen hatte sich der Amtsrichter mit seinem unhaltbaren Urteil sogar wegen Rechtsbeugung strafbar gemacht.
Es ist für einen Richter immer besonders unerträglich,

einen Angeklagten aus juristischen Gründen freisprechen zu müssen, obwohl er von seiner moralischen Schuld zutiefst überzeugt ist. Aber ich bin mir sicher, der eigentliche Grund für das erstinstanzliche Fehlurteil war das Schicksal der sichergestellten Beweismittel. Zu hoch war dem Amtsrichter die Gefahr eines rechtskräftigen Freispruchs gewesen: Denn in diesem Fall hätten die Beweismittel unverzüglich wieder an meinen Mandanten herausgegeben werden müssen. Das hatte der Richter um jeden Preis vermeiden wollen. Zum Schutze der Kinder.

Dennoch war es richtig gewesen, gegen das falsche Urteil vorzugehen. Als Anwalt ist es meine Aufgabe, alle rechtsstaatlichen Mittel für meinen Mandanten auszuschöpfen, um ihn vor staatlicher Sanktion und Willkür zu bewahren. Die Aufgabe eines Richters ist es, die Gesetzmäßigkeiten des Rechtsstaates anzuerkennen und danach zu handeln, auch wenn das Ergebnis im Einzelfall der persönlichen Überzeugung zuwiderlaufen mag. Ein Rechtsstaat definiert sich nun mal danach, dass alle an Recht und Gesetz gebunden sind. Mögen die Absichten des Einzelnen noch so gut sein, der Zweck heiligt eben nicht die Mittel.

Meinen Mandanten gegenüber bin ich daher unvoreingenommen. Ich beurteile sie nicht nach ihrem gesellschaftlichen Stand, ihrem Aussehen, ihrer Herkunft oder der ihnen zur Last gelegten Tat. Das ist schon aus beruflichen Gründen geboten. Bei der Strafverteidigung geht es um Schuld oder Unschuld des Mandanten und welche Strafe im Falle seiner erwiesenen Schuld angemessen ist. Beides darf nur nach den rechtlichen Möglichkeiten des Gesetzes bestimmt werden. Es verbietet sich daher, auf rechtswidrige Mittel wie etwa falsche Aussagen oder gefälschte Urkunden zurückzugreifen, um zu dem gewünschten Ergebnis zu gelangen.

Umgekehrt bin ich aber als Anwalt auch gehalten, wirklich jedes rechtlich zulässige Mittel zu nutzen, wenn es dem Mandanten hilft. Ahnt der Anwalt also, dass ein Mandant möglicherweise schuldig ist, die Beweise aber nicht zu einer Verurteilung ausreichen, dann muss er ihm konsequenterweise raten zu schweigen.

»Nemo tenetur se ipsum accusare«, sagt der altkluge Jurist in solchen Fällen. Etwas umgangssprachlich übersetzt: »Niemand muss sich selbst belasten.« Das steht so im Gesetz und ist längst international gefestigtes Rechtsgut.

Man konnte von meinem Mandanten halten, was man wollte, dumm war er jedenfalls nicht.

Mit den heutigen Möglichkeiten der modernen Kriminalistik ist das »perfekte Verbrechen« nahezu ausgeschlossen. Neben den altbewährten Fingerabdrücken ist die DNA-Technik mittlerweile sogar so weit, nachweisen zu können, wem man zuletzt auch nur die Hand gegeben hat; es gibt die Vorratsdatenspeicherung, die noch Tage später darüber Auskunft geben kann, mit wem man telefoniert, SMS oder E-Mails ausgetauscht hat; die Polizei kann Handyfunkzellen, GPS-Daten und IP-Adressen auswerten, um ein exaktes Bewegungsprofil zu erstellen. Die Liste der modernen Möglichkeiten der Verbrechensaufklärung ist sehr lang geworden.

Und trotzdem hatte der elegant gekleidete Mann neben mir es geschafft, nicht erwischt zu werden. Wobei, erwischt wurde er ja schon, nur gerichtsfeste Spuren hatte er nicht hinterlassen.

Unmittelbar nach seinem Freispruch begleitete ich meinen Mandanten zur Asservatenkammer der Staatsanwaltschaft. Wir legten dem diensthabenden Wachtmeister einen Gerichtsbeschluss vor, wonach meinem Mandanten zwanzig von der Polizei sichergestellte buchgroße Festplatten mit einer Kapazität von je ein bis zwei Terabyte herauszugeben waren.

Auf diesen Festplatten befand sich mit hoher Wahrscheinlichkeit eine der weltweit größten Sammlungen kinderpornographischen Materials. Etwa dreißig Terabyte mit geschätzt elftausend Videos von sexuell missbrauchten Kindern. Jedenfalls vermutete ich das. Einen Beweis dafür gab es nicht.

Auf die Spur war man meinem Mandanten gekommen, als sein Computernetzwerkanschluss auf einer Internetseite registriert wurde, die kinderpornographische Dateien zum Download anbot. Eigentlich ein Anfängerfehler, möglicherweise hatte seine Verschleierungssoftware ihren Dienst versagt. Es war eine fingierte Seite gewesen, die die hessische Polizei als Köder ausgelegt hatte, um vor allem Großkonsumenten von Kinder- und Jugendpornographie zu fassen und sie an der weiteren Verbreitung solchen Materials zu hindern.

Mehrfach hatte jemand vom Internetanschluss meines alleinstehenden Mandanten aus versucht, eine Vielzahl entsprechender Videodateien von der fingierten Seite herunterzuladen.

Für die Polizei war es nur noch eine Formalität gewesen, einen richterlichen Durchsuchungsbeschluss zu erwirken und die gewaltige Festplattensammlung meines Mandanten sicherzustellen.

Doch die Auswertung durch einen Sachverständigen des Landeskriminalamtes ergab, dass der Inhalt der Festplatten nicht auslesbar war, abgesehen von einigen bloßen Dateinamen. Namen, die in Ermittlerkreisen allerdings wohlbekannt waren. »Kleine Jungs in Panama« oder »Die Lolita-Farm« gaben deutliche Hinweise auf einschlägige Videos, die auch in den Datenbanken der Landeskriminalämter als Dateien kinderpornographischen Inhaltes bekannt waren.

Das Problem der Ermittler war nur, der Inhalt dieser Dateien war gänzlich mit einer eigens kreierten Verschlüsselungssoftware gesichert. Und den Code kannte nur mein Mandant. »Nemo tenetur se ipsum accusare«, niemand muss sich selbst belasten. Natürlich musste er die Passwörter zur Entschlüsselung seiner Daten nicht verraten und tat das auch nicht.

Die Gerichtsverhandlung der zweiten Instanz hatte sich über mehrere Prozesstage hingezogen, ehe der vorsitzende Richter der Berufungskammer, dem es sichtlich schwerfiel, das freisprechende Urteil verkündete. Auch diesmal hatte mein Mandant von seinem Schweigerecht von Anfang an Gebrauch gemacht.

Das Gericht versuchte alles, um ihn doch noch als Täter zu überführen. Wie der Amtsrichter der ersten Instanz auch, war die Berufungskammer nachvollziehbarerweise von Anfang an von der Schuld meines Mandanten überzeugt.

Es entsprach eben der Lebenserfahrung, dass die Dateien auf den Festplatten meines Mandanten genau jene kinderpornographischen waren, die dem Staatsanwalt, dem vorsitzenden Richter und mir aus der Berufspraxis bereits bestens bekannt waren. Doch ohne einen prüfenden Blick auf die Dateien war der Tatnachweis des Besitzes kinderpornographischer Schriften juristisch nicht zu führen. Schließlich hätten es theoretisch auch nur dieselben Namen, aber andere, straflose Dateiinhalte sein können. Harmlose Katzenvideos, Codewörter für Ballerspiele oder tatsächlich Pornos, aber mit legalem Inhalt. Möglich war das.

Die Richter wollten vor allem die umfangreiche Festplattensammlung dauerhaft aus dem Verkehr ziehen. Selbst bei einem auf Datenverschlüsselung spezialisierten Unternehmen aus Amerika hatte das Berufungsgericht schließlich anfragen lassen, ehe ich mich im Interesse meines Mandanten dagegen verwahrte. Denn sowohl der Sachverständige des Landeskriminalamtes als auch ein Privatgutachter einer hochanerkannten deutschen Software-Firma hatten bereits unmissverständlich festgestellt, dass die Dateien auf den sichergestellten Festplatten meines Mandanten ohne Passwort schlicht nicht zu entschlüsseln waren.

Hätten die Richter dieses eindeutige Ergebnis nicht akzeptiert und weitere Gutachten in Auftrag gegeben, wären sie ganz offensichtlich meinem Mandanten gegenüber nicht mehr neutral eingestellt und damit befangen gewesen, zumindest formaljuristisch. Denn befangen waren auch die Berufungsrichter von Anfang an gewesen, nur nachweisen hätte ich ihnen das erst können, wenn sie sich noch eines dritten Sachverständigen bedient hätten. Denn es gibt keine Strafverfolgung um jeden Preis.

Während mein Mandant im Anschluss an seinen Freispruch auf die Aushändigung der sichergestellten Festplatten in der Asservatenkammer wartete, regte sich kein Muskel in seinem Gesicht. Ob er sich darüber freute, dass ihm seine umfassende »Sammlung« jetzt ausgerechnet von einem Justizwachtmeister übergeben wurde, also von einem Gesetzeshüter, es war ihm nicht anzumerken. Nur als der Wachtmeister meinen Mandanten höflich fragte, ob er ihm zum Abtransport der zwanzig Festplatten eine Tüte mitgeben solle, huschte für einen kurzen Moment ein zufriedenes Lächeln über sein Gesicht.

Ich quittierte die Herausgabe der sichergestellten Beweise anwaltlich und ging. Beim Abtransport der Festplatten half ich meinem Mandanten nicht.

Lola stöhnt

Ich hielt meine Beauftragung in dieser Sache für rausgeschmissenes Geld, und genau das hatte ich meinem neuen Mandanten auch mehrfach gesagt. Dr. Leonhard Much, ein sehr wohlhabender und hochangesehener Investmentbanker, beharrte aber darauf, von nun an anwaltlich gegen absurde Vorwürfe vertreten zu sein. Die Kosten spielten für ihn offensichtlich keine große Rolle, und wenn es Herrn Much ein so wichtiges Anliegen war, dann wollte ich auch nicht nein sagen. Der Grundsatz »Wer zahlt, schafft an« gilt eben auch bei Anwälten. Ich forderte also die Akten bei der Staatsanwaltschaft zur Einsicht an. Denn immerhin war gegen Dr. Much ein Ermittlungsverfahren anhängig geworden. Ich erfuhr aus der Akte, dass es sogar bereits einige Wochen zuvor schon eine Anzeige gegen meinen Mandanten gegeben hatte. Das erste Verfahren hatte der zuständige Staatsanwalt aber sofort eingestellt, ohne überhaupt irgendwelche Ermittlungen zu veranlassen.
Die Polizei hatte den Anzeigenerstatter ohnehin nicht sonderlich ernst genommen. Er erfüllte zu viele Klischees: Mit seinen langen fettigen Haaren, die er zu einem Zopf zusammengebunden hatte, seinen dreckigen Fingernägeln und seinem sächsischen Akzent war er kein willkommener Gast in der bayerischen Polizeiin-

spektion fernab der Hauptstadt. Darüber hinaus war er vorbestraft, er hatte schon einmal einige Jahre wegen schweren Raubes gesessen. Dass er jetzt auch noch eine Anzeige erstatten wollte, hatte den Polizisten gar nicht gepasst – es war Schichtwechsel, und keiner mochte sich so recht um den Wichtigtuer kümmern.

Doch in Deutschland gilt das sogenannte Legalitätsprinzip. Wenn die Polizei Hinweise auf eine Straftat erhält, muss sie der Sache nachgehen und gegebenenfalls eben auch ein Ermittlungsverfahren einleiten. Den Beamten blieb also keine andere Wahl, als sich seine absurd klingende Geschichte anzuhören.

Der bullige und alles andere als attraktiv zu bezeichnende Mann behauptete beharrlich, von einer Frau am Telefon sexuell belästigt zu werden. Die besagte Dame mit Namen Lola würde ihn äußerst regelmäßig nachts anrufen, um unvermittelt ins Telefon zu stöhnen. Er habe besagte Lola vor einigen Monaten über eine Zeitungsannonce kontaktiert, er selbst hätte dann aber wegen ihrer am Telefon überdeutlich geäußerten schmutzigen Phantasien auf ein persönliches Treffen verzichtet.

Der Polizist hatte sich das Lachen bei der Anzeigenaufnahme regelrecht verkneifen müssen – er schrieb dies auch unverblümt so in seinen Bericht an die Staatsanwaltschaft. Einzig aufgrund des Legalitätsprinzips hatte der Polizist routinemäßig eine Rufnummernüberprüfung vorgenommen, die als einzigen Anschlussinhaber jener Lola meinen alleinstehenden, äußerst wohlhabenden und hochangesehenen Mandanten Dr. Much ausgewiesen hatte.

Wie gesagt, bei der ersten Anzeige hatte der Staatsanwalt nachvollziehbarerweise überhaupt nichts unternommen. Nur, zufrieden hatte sich der angeblich von Lola beharrlich belästigte Arbeitslose damit nicht gegeben. Alle paar Tage sprach er von nun an bei der örtlichen Polizeidienststelle vor und erstattete erneut Strafanzeige, weil ihn Lola wieder angerufen habe.

Immerhin war unter den eingegangenen Anrufen im Handy des Anzeigenerstatters tatsächlich mehrfach die Rufnummer von Dr. Much zu sehen, so dass der völlig genervte Staatsanwalt die Polizei schließlich damit beauftragte, Dr. Much zu der Sache einmal zu befragen – wohl mit dem Hintergedanken, anschließend den Arbeitslosen mit einem Verfahren wegen Falschanzeige endlich zum Schweigen zu bringen.

Wie auch immer Herrn Muchs Telefonnummer auf das Handy des Arbeitslosen gelangt war, Dr. Much war in dieser Sache gänzlich unverdächtig. Weder entsprach es seinem sozialen Umfeld, solcherlei obszöne Anrufe bei einem ihm wildfremden Mann zu tätigen, noch war er – und das dürfte wohl das überzeugendste Argument gewesen sein – eine Frau. In seinem Haushalt war keine Frau gemeldet, auch keine Lola.

Für die Polizei war daher klar, dass Dr. Much sicher nichts mit den angeblichen Anrufen zu tun haben konnte. Sie hatten sich bereits im Vorfeld telefonisch bei ihm für die Störung und die etwaigen ihm entstandenen Unannehmlichkeiten entschuldigt und ihn extrem höflich um eine kurze Vernehmung gebeten, um die Angelegenheit endlich abschließen zu können.

In dieser Situation hatte Herr Much mich also kontaktiert. Mit der Polizei wollte er ohne vorherige anwaltliche Beratung auf keinen Fall reden. Grundsätzlich war das auch vernünftig, denn wenn man zumindest formal ein potenzieller »Beschuldigter« in einem Strafverfahren ist, weiß man vorher nie, was einen bei einer polizeilichen Vernehmung erwartet.

In diesem speziellen Fall konnte ich aber wirklich keine Gefahr einer Strafverfolgung für meinen Mandanten erkennen. Herr Dr. Much war keine Frau. Und eine mögliche Erklärung, warum ausgerechnet seine Festnetznummer als die von der ominösen Lola – so sie denn überhaupt existierte – auf dem Display des Arbeitslosen angezeigt worden war, gab es auch: Es war nicht auszuschließen, dass jemand aus den umgrenzenden Wohnblöcken sich illegal in das schnurlose Telefon von Dr. Much eingeloggt hatte. Gerade in Großstädten und aufgrund der guten Reichweite von Schnurlostelefonen ist dieses kriminelle Phänomen gar nicht so selten: Da kaum jemand seine vom Hersteller vorgegebene Standard-PIN (viermal die Null) an seiner Basisstation ändert, ist es für Leute, die auf Kosten anderer gratis und unerkannt telefonieren wollen, keine große technische Herausforderung, von fremden Anschlüssen aus zu kommunizieren.

Entsprechend hatte ich bereits gleich zusammen mit der angeforderten Ermittlungsakte die Nachricht erhalten, dass der Staatsanwalt auch ohne vorherige polizeiliche Vernehmung das zweite Verfahren gegen meinen Mandanten aus genau den von mir prognostizierten Gründen sofort eingestellt hatte. Ich empfahl Herrn Much, die PIN an seiner Telefonanlage zu ändern.

Die Gründe der Verfahrenseinstellung wurden auch

dem Anzeigenerstatter schriftlich mitgeteilt. Doch in dieser Sache wollte er Gerechtigkeit um jeden Preis. Schließlich hatte er für seinen Bankraub auch über acht Jahre Knast absitzen müssen. Lola hatte nach seiner Rechtsauffassung ein mindestens ebenso einschneidendes Schicksal verdient.

Da er ohnehin arbeitslos war, verbrachte er von nun an jede freie Minute – und das waren nach Angaben der Polizei sehr, sehr viele – mit seinem Handy vor der Polizeiwache, um auf einen erneuten Anruf von besagter Lola zu warten.

Hätte er seine kriminelle »Karriere« mit demselben Einsatz verfolgt, dann wäre er wahrscheinlich nie erwischt worden. Denn erst knapp einen Monat später erhielt der Arbeitslose einen erneuten Anruf von Lola.

Seinem vorgefassten Plan entsprechend stürmte der von Lola belästigte Mann sofort wieder in das Revier, vor dem er wie jeden Tag in diesem Sommer die meiste Zeit wartend in seinem Auto verbrachte, und übergab triumphierend einem der Polizisten sein Telefon.

Endlich konnte er zur Überraschung der Beamten den Beweis erbringen, dass es Lola tatsächlich gab: Am anderen Ende waren wirklich grob ungehörige Inhalte mit abrupten Stöhnunterbrechungen zu vernehmen, und ganz offenkundig eine Frauenstimme. Lola kam sogar gerade erst so richtig in Fahrt – sie sollte an diesem Abend noch sehr lange in der Leitung bleiben. Nach eigenen Angaben hatte sie »ihren bösen, schmutzigen Jungen« bereits sehr vermisst.

Allerdings rief Lola diesmal mit unterdrückter Rufnummer an. Zum Gegenbeweis, dass zumindest Herr Much mit der Sache nichts zu tun hatte, wählte der Polizist unverzüglich dessen Telefonnummer.

Es war besetzt. Nun sah sich der Anzeigenerstatter endgültig darin bestätigt, dass der Anruf tatsächlich von Herrn Muchs Anschluss aus getätigt worden sein musste. Nur um der Sache endlich ein Ende zu bereiten, schickte der entnervte Dienststellenleiter schließlich erneut eine Polizeistreife zu Dr. Muchs Wohnung. Er wollte den Querulanten, der seine Dienststelle langsam, aber sicher lahmlegte, endlich loswerden.

Was aber die dort eintreffenden Polizeibeamten später berichten sollten, hatte wirklich niemand zuvor kommen sehen, noch nicht einmal der arbeitslose Hobbydetektiv:

Als die Beamten bei Herrn Muchs Wohnung ankamen, sahen sie bereits von draußen, dass Licht in seiner Wohnung brannte und er demnach zu Hause sein musste. Doch auf ihr Klingeln an seiner Wohnungstüre öffnete niemand. Allerdings war das Türklingeln eindeutig auch in dem immer noch mit Lola geführten Telefonat zu hören. Jetzt begannen die Beamten zum ersten Mal, die Behauptungen des arbeitslosen Ex-Knackis ernst zu nehmen.

Sie beschlossen, die Tür gewaltsam zu öffnen, um Lola ein für alle Mal dingfest zu machen. Doch was die Beamten in Dr. Muchs Wohnung zu sehen bekamen, übertraf ihre kühnsten Erwartungen: Im Damenkleid und engem Korsett, mit halterlosen Netzstrümpfen, Make-up, aufgeklebten Wimpern und einer blonden Langhaarperücke saß Dr. Much in einem selbstgebauten Hundekäfig, wobei ihm zu allem Überfluss auch noch eine Art

»Pferdeschweif« aus dem unbekleideten Gesäß herausragte.

Lola war gefasst. Den Telefonhörer noch in der Hand, begrüßte der Investmentbanker die Beamten mit der wohlbekannten, glockenhellen Frauenstimme.

Jetzt brauchte Herr Dr. Much wirklich einen Anwalt.

Spaß

Man hatte ihn gleich am nächsten Morgen nach dem Betriebssommerfest verhaftet. Ich erinnere mich, dass es trotzdem erst ziemlich spät abends war, als mich Harald aus der Haftanstalt des Polizeipräsidiums anrufen durfte und mich bat, ihm zu helfen.

Zu dem Sommerfest seines Betriebs hatte er eigentlich gar nicht hingehen wollen, aber der Chef bestand auf vollzählige Anwesenheit. Harald versuchte ohnehin schon, nach Dienstschluss alles zu meiden, was mit seiner Firma zu tun hatte. Es war für ihn schon schlimm genug, jeden Tag überhaupt in den Betrieb zur Arbeit zu gehen.

Nicht wegen seiner eigentlichen Tätigkeit als Mediengestalter, die gefiel ihm gut und er erledigte seine Arbeit auch immer zur vollsten Zufriedenheit des Chefs. Es war wegen seiner Kollegen. Unter den Kollegen war Harald nämlich der Außenseiter, der Sonderling, über den sich alle lustig machten.

Harald war ein sehr stiller Typ und wenig kontaktfreudig. Andere Menschen scheute er, und seine roten Haare, die Sommersprossen, sein unförmiger Körperbau mit Buckel und verkürztem Bein hatten wohl ihr Übriges getan.

»Muckel« nannten ihn seine Kollegen wenig liebevoll,

in Anlehnung an den rothaarigen Kobold einer bekannten Kindersendung.

Auch in ihren Streichen, die sie ihm beinahe täglich spielten, erwiesen sich seine Kollegen als äußerst »kreativ«: Mal wurde seine Pausenbox, die sich Harald immer von zu Hause mitbrachte, versteckt; mal wurden die Druckkartuschen des Kopiergerätes, für das Harald verantwortlich war, vertauscht; manchmal begnügten sich seine Kollegen auch »nur« damit, ihm spöttische E-Mails zu schicken, gerne natürlich mit Anspielungen auf sein wenig vorteilhaftes Äußeres.

Alles in allem waren es aber trotzdem noch recht harmlose Streiche im Vergleich zu Haralds Schulzeit, als er von halbstarken Klassenkameraden mal mit dem Kopf in die Toilette getaucht oder ein andermal mit Hundeexkrementen beworfen worden war.

Dagegen waren die Scherze seiner Arbeitskollegen bloße Neckereien. Harald war sie mittlerweile gewöhnt. Sie gehörten zu seinem deshalb so verhassten Arbeitsalltag einfach dazu. Vermutlich wäre Haralds Leben auch konstant und ohne dass sich irgendetwas in seinem Alltag verändert hätte ewig so weitergegangen – wäre da nicht die Neue gewesen. Kurz vor dem jährlichen Betriebssommerfest war sie in Haralds Abteilung gewechselt.

Die Neue war sehr hübsch, keine Frage, deshalb wurde sie auch sofort von Haralds Arbeitskollegen, die mit Ausnahme ihrer allesamt männlich waren, heiß umgarnt.

Auch Harald nahm die attraktive junge Frau natürlich wahr, aber sein Verhalten änderte sich nicht. Gewohnt stoisch ging er seiner Arbeit nach und kümmerte sich nicht weiter um die geradezu peinlichen Balzereien seiner Kollegen.

Dass Harald mit Frauen generell wenig am Hut hatte, war für jedermann offensichtlich. Mit einer Frau war er noch nie gesehen worden, und an den »Männergesprächen« seiner Kollegen, die nur allzu gerne in den Zigarettenpausen vollmundige Sprüche über Ehefrauen, Freundinnen, Geliebte oder einfach nur die Frauenwelt als solche klopften, hatte sich Harald nie beteiligt.

Seine letzte Beziehung war schon lange her, kein Wunder, denn wirklich ins Gespräch kam er mit dem anderen Geschlecht ohnehin nicht. Dazu war Harald einfach viel zu schüchtern. Weder traute Harald sich Frauen anzusprechen noch im Internet anzuschreiben. Sein ganzer Lebenssinn bestand für ihn letztlich darin, sein von ihm in einer abgeschiedenen Gegend gekauftes Grundstück mit einem kleinen Holzhaus zu bebauen. Harald war handwerklich sehr begabt, alles an dem Haus machte er selbst. Seine gesamte Freizeit verbrachte er damit. Freunde oder Familie hatte er ohnehin keine. Seine Eltern waren früh verstorben, und Harald war ein Einzelkind gewesen.

Der Neuen dagegen gefiel es natürlich sichtlich, von den anderen Kollegen stets umschmeichelt und angeschmachtet zu werden. Und es amüsierte sie auch sehr, wie ihre männlichen Kollegen bereits an ihrem ersten Arbeitstag begannen, sich gegenseitig zu überbieten, wer dem »Muckel« den besten Streich spielen konnte, um die Neue am meisten zu beeindrucken.

So hatte es auch nicht lange gedauert, bis auch die Neue auf den Geschmack gekommen war, ihren ganz eigenen

Schabernack mit Harald zu treiben. Nur waren ihre Streiche anders: Als einzige Frau in Haralds Abteilung – und überhaupt in Haralds Leben – hatte die Neue leichtes Spiel mit ihm. Zunächst hatte sie Harald anzügliche SMS oder Mails geschrieben, in denen sie ein amouröses Interesse an ihm bekundete.

Anfangs dachte der in dieser Hinsicht etwas unbedarfte Harald tatsächlich, sie meine es ernst. Immerhin hatte sich die Neue auch wirklich Mühe gegeben, es so wirken zu lassen.

Dass sie aber Haralds ungelenke Antworten auf ihre vermeintlichen Liebesbekundungen dazu nutzte, sie in der Kaffeepause vor allen Kollegen vorzulesen und sich darüber lustig zu machen, hatte Harald erst viel später gemerkt.

Eigentlich hätte er sofort darauf kommen müssen, dass die Neue natürlich nichts von ihm wollte – warum auch? Sie war die attraktive Blondine, von allen Kollegen heiß umgarnt, er war der »Muckel mit dem Buckel«. Da Harald nach dieser Einsicht überhaupt nicht mehr auf Nachrichten und Sprüche der Neuen reagierte, war sie im weiteren Verlauf ihrer »Späße« dazu übergegangen, noch kürzere Röcke und noch weiter ausgeschnittene Blusen zu tragen – zur großen Freude der anderen Kollegen –, um sich dann in Haralds Nähe gespielt zufällig zu bücken oder tiefe Einblicke in ihr Dekolleté zu gewähren. Wenn sie dann Harald angeblich dabei »erwischte«, wie er sich an ihr mit seinen Blicken »aufgeilte«, sollte sie ihn jedes Mal lautstark maßregeln, so dass alle im Büro es mitbekamen: »Wo guckst du denn schon wieder hin, du schmutziger Muckel!« oder »Was bist du denn für ein kleiner Perversling?«, hatte sie dann unter dem lachenden Beifall der Kollegen in den Raum gerufen.

Zuletzt hatte sie Harald sogar unvermittelt eine Ohrfeige gegeben, als sein vermeintlicher Blick auf ihre eng anliegende Leggins, in der sich ihr Po deutlich abzeichnete, gewandert war, weil sie sich genau vor seinem Schreibtisch nach einem »zufällig« fallen gelassenen Stift gebückt hatte.

Wieder hatten alle gelacht und im Chor den nun täglich gehörten Satz »Muckel, du Sau!« gerufen. Dabei hatte Harald gar nicht hingesehen. Schon seine Scham vor dem weiblichen Geschlecht hätte es ihm verboten.

Die Neue ließ Harald fortan nicht mehr in Ruhe. Sie beleidigte ihn, sie demütigte ihn, und hin und wieder schlug sie ihn – einfach so. Egal, was sie Harald für »Streiche« spielte, ihre männlichen Kollegen fanden es in jedem Fall lustig. Auch hier glaubten sie, wer am lautesten lachen, ihren Scherz am stärksten bejubeln und sie am meisten in dem, was sie tat, bestärken würde, würde in ihrer Gunst auch am weitesten oben stehen.

Harald fühlte sich wieder in jene Jahre seiner Schulzeit zurückversetzt. Etwas dagegen tun – so dachte er – konnte er nicht. Seine männlichen Kollegen sahen tatenlos zu, und würde er sich beim Chef beschweren, würde es am Schluss nur heißen, er sei der Übeltäter. Schließlich kenne man das ja mit der permanenten sexuellen Belästigung von Frauen durch Männer am Arbeitsplatz – aber eben nicht umgekehrt.

Das Betriebssommerfest war bekannt für den regen Alkoholkonsum, der vom Chef auch ausdrücklich gefördert wurde. Für die Kampftrinker unter den Kollegen war es deshalb auch Brauch, sich für die Nacht in den Schlafräumen der benachbarten Jugendherberge einzuquartieren. Auch dafür kam der Chef finanziell gerne auf. Sein Betriebsfest nahm er sehr ernst.
Da Harald kein eigenes Auto besaß, hatte auch er sich in der Jugendherberge einen Schlafplatz reserviert. Er wohnte einfach zu weit weg, als dass er nach der Betriebsfeier mit öffentlichen Verkehrsmitteln fahren oder gar zu Fuß nach Hause gehen konnte. Und für ein Taxi wollte Harald kein Geld ausgeben. Seine Ersparnisse steckte er lieber in sein Holzhäuschen.
Natürlich war auch die Neue auf dem Betriebssommerfest. Und wie die männlichen Kollegen auch, trank sie die vielen Schnäpse – und das waren eine Menge –, mit denen zu jedem Vortragsgruß des Chefs angestoßen wurde. Dazu gab es wie immer reichlich Bier und Wein, der Alkohol floss in Strömen.
Während der Betriebsfeier hielt sich Harald von seinen Kollegen und ganz besonders von der Neuen fern. Die letzte Gemeinheit am Tag zuvor lag ihm nämlich im wahrsten Sinne noch quer im Magen: Die Neue hatte ihm in einem unbemerkten Moment seine Kaffeetasse vom Schreibtisch entwendet, war damit auf die Toilette gegangen, hatte hineingepinkelt und sie Harald wieder unbemerkt auf den Tisch gestellt. Natürlich war das Gelächter unter den eingeweihten Kollegen groß, als Harald den ersten Schluck aus der Tasse genommen hatte. Als er es dann endlich bemerkte, musste er sich vor

allen Anwesenden übergeben, was das Gelächter umso mehr anheizte.

Um nicht auch noch am Betriebssommerfest vor dem Chef wegen dieser Peinlichkeit dumm dazustehen, versteckte sich Harald die meiste Zeit über an einem etwas entlegenen Tisch zwischen zwei großgewachsenen Kollegen einer anderen Abteilung. Zwar kannte er die beiden kaum, und sie waren auch nicht wirklich gesprächig, aber sie ließen ihn wenigstens in Ruhe. Und einfach nur ignoriert zu werden, war ja immer noch besser, als im Mittelpunkt irgendwelcher Gemeinheiten zu stehen.

Die Neue hatte an diesem Abend viel zu tief ins Glas geguckt. Zum Schluss, als Harald in die Schlafräume der Jugendherberge ging und nur noch der »harte Kern« anwesend war, sah er sie sichtlich betrunken auf einer der Bierbänke stehen. Sie war umringt von johlenden Männern, die mit weit geöffneten Mündern lechzend darauf warteten, ihren Fuß samt Stöckelschuh in den Mund gesteckt zu bekommen. Sie goss, wenig hollywoodreif, eine Sektflasche über ihr Bein aus und hinunter zum Fuß.

Harald interessierte das alles nicht. Nur nicht gesehen werden, das war seine Devise. Er suchte sich ein freies Zimmer in den Schlafräumen, um am nächsten Morgen möglichst früh zu Hause zu sein und an seinem Holzhäuschen weiterarbeiten zu können.

Dazu sollte es aber nicht kommen. Noch bevor Harald am nächsten Morgen den Hammer in die Hand nehmen und ein paar Holzlatten festnageln konnte, wurde er bereits von der Polizei verhaftet.

Die Neue hatte ihn am Morgen angezeigt. Keine zwei

Stunden nach Haralds SMS – er hatte sie ihr am frühen Morgen geschrieben – war sie völlig aufgelöst zur Polizei gegangen.

Das Ganze sei doch nur ein Spaß gewesen, beteuerte Harald mir gegenüber immer wieder. Er hatte sich an der Neuen doch nur für die vielen Gemeinheiten rächen wollen. Er war sich so sicher gewesen, dass jetzt alle mal über sie lachen würden.

Noch in der Vorführzelle des Polizeipräsidiums erzählte mir Harald, dass in der Nacht nach der Betriebsfeier ausgerechnet die Neue völlig betrunken in seinen Schlafraum gekommen war und sich einfach zu ihm ins Bett gelegt hatte. Er wusste sofort, dass sie es war. Er hatte sie an ihrem Geruch erkannt. Es war ihm richtig unangenehm, ihr plötzlich so nahe zu sein.

Eigentlich – so sagte er mir – wollte er sofort in ein anderes Zimmer gehen. Doch dann kam die Erinnerung an die vielen Demütigungen wieder, wie sie ihn geohrfeigt, ihn vor den anderen Kollegen lächerlich gemacht hatte und natürlich die Geschichte mit der Kaffeetasse.

Plötzlich sei ihm halt diese Idee gekommen. Ohne weiter nachzudenken, sei er aufgestanden, habe sich über die Neue gebeugt und der völlig betrunkenen Frau Hose und Unterhose heruntergezogen. Dann habe er die Bettdecke über sie gelegt und sei ins Nachbarzimmer gegangen, um dort weiterzuschlafen.

Am nächsten Morgen auf dem Nachhauseweg schrieb er ihr mit diebischer Freude die SMS, die die Polizei in dem Handy der Neuen sichergestellt hatte: »Ich hoffe, du nimmst die Pille, ich hatte leider kein Kondom zur Hand.«

Nochmals beteuerte Harald, dass diese SMS nur Spaß gewesen sei, ein bloßer Scherz. Er hätte sich doch nur rächen wollen. In Wahrheit sei aber definitiv nichts passiert.

Ich glaubte Harald – die Polizei und die Staatsanwaltschaft dagegen nicht.
Zwar stand zwischen der Neuen und Harald Aussage gegen Aussage, aber die Indizien mit der heruntergezogenen Hose und der eindeutigen SMS sprachen für die Ermittlungsbehörden eine klare Sprache. Hätte Harald zuvor bei der Polizei geschwiegen, wäre seine Lage vielleicht besser gewesen. Denn es wäre gar nicht so leicht gewesen, ihm etwas nachzuweisen. Der Frauenarzt hatte bei der gynäkologischen Untersuchung der Neuen keinerlei Spermaspuren feststellen können, aber angeblich hatte sie vor der Untersuchung geduscht.
Harald zu unterstellen, mit der Neuen gegen ihren erkennbaren Willen Sex gehabt zu haben, war nicht einfach, genauso wenig wie die Möglichkeit, dass sie sich betrunken an ihn herangeschmissen hatte. Immerhin fanden sich auf seinem Telefon ebenfalls eine Menge (natürlich nicht ernst gemeinter) anzüglicher Nachrichten von ihr.
Aber Harald hatte seine ganze Geschichte bereits bei der Polizei erzählt, und eben auch alle Gemeinheiten, die ihm im Vorfeld widerfahren waren.
Sosehr ich mich auch deshalb für Harald vor Gericht einsetzte, dort schilderte, dass er allen Grund gehabt hatte, sich an ihr mit einem solch fragwürdigen »Spaß« zu rächen, desto mehr glaubten sie der Frau. Gerade

diese vielen Gehässigkeiten und Neckereien, mit denen die Neue Harald gequält hatte, seien doch der Grund für seinen sexuellen Missbrauch an ihr gewesen.
Harald wurde zu viereinhalb Jahren Haft verurteilt.
Heute lebt Harald von Hartz IV. Als verurteilter Sexualstraftäter wollte ihn niemand mehr einstellen. Sein fast fertig gebautes Holzhäuschen musste er verkaufen, um die Verfahrenskosten und das Schmerzensgeld für die Neue zu bezahlen.

Liebe deinen Nächsten

Thomas mochte ihr Parfüm, an ihrem Hals roch er es immer besonders intensiv. Während er sie zärtlich am Hals küsste, schob er langsam ihren Rock hoch. Seine Küsse folgten Leonies Hals abwärts zu ihrem Dekolleté, während seine Hand sich zu ihrem Slip vorwärtstastete. Überall roch es nach frischem Heu, das erst vor kurzem in großen runden Ballen auf dem Dachboden des Stalls eingelagert worden war. Thomas hatte keine große Mühe, Leonie den Slip mit nur einer Hand herunterzuziehen, er war darin mittlerweile recht geübt. Mit seiner anderen Hand knetete er Leonies apfelgroße Brüste mit kreisrunden Massagebewegungen. Thomas liebte das lange Vorspiel. Besonders mochte er es, sich mit seinen Küssen langsam zu Leonies Vagina vorzutasten und dabei keinen Quadratzentimeter Haut auf dem Weg dorthin auszulassen.

Eigentlich war es da oben ein wunderschöner Ort für Sex. Das Heu war frisch und weich, der Duft betörend, und der Blick vom großen offenen Fenster des Speichers auf die untergehende Sonne oberhalb der weitläufigen niederbayerischen Felder war schlicht atemberaubend. Die Pferde unterhalb des Dachbodens wieherten ab und an oder scharrten mit den Hufen, sonst hörte man nichts – vor allem keine Menschen.

Weder Thomas noch Leonie sagten irgendetwas. Nur als Thomas mit seinem Penis in Leonie eindrang, stöhnte sie kurz auf. Am liebsten machte es Thomas mit ihr in der Missionarsstellung. So konnte er gleichzeitig noch all das tun, was ihn am meisten antörnte: ihre Lippen küssen, ihre Brüste oder ihren Po dabei kneten oder aber auch einfach nur Leonie dabei fest in die Haare fahren und mit ihnen spielen.

Seinen Vater hatte Thomas nicht kommen hören. Mit einer Mistgabel bewaffnet, war der Vater zum Heuboden hinaufgestiegen, weil er Geräusche wahrgenommen hatte, als er nach den Pferden sehen wollte. Er hatte zunächst an Einbrecher oder Obdachlose gedacht.

Als er seinen Sohn Thomas im wilden Liebesspiel mit Leonie erkannte, erstarrte er vor Schreck. »Um Himmels willen«, hatte der Vater noch herausgebracht, ehe er Thomas packte und mit brachialer Gewalt von Leonie wegriss. Der Vater war ein sehr gläubiger Mensch, und Leonie war seine Tochter.

Es waren die letzten Worte, die Thomas seinen Vater hatte sagen hören. Noch am selben Abend brachte er ihn zur Polizei. Mit seinem Sohn wollte er von nun an nichts mehr zu tun haben. Schon allein um seine erst vierzehnjährige Tochter Leonie zu schützen, aber auch des sündhaften Vorfalls wegen.

Dass der fünfzehnjährige Thomas in dem jungen Alter überhaupt Sex hatte, war in den Augen des Vaters schon ein unverzeihliches Vergehen. Dass es aber auch noch Bruder und Schwester miteinander wild getrieben hatten, war in seiner christlichen Anschauung eine unverzeihliche Todsünde.

Die Nacht über musste Thomas auf der Polizeiwache bleiben, auch wenn die diensthabenden Polizeibeamten nicht so recht wussten, was sie mit ihm tun sollten. Aber sein Vater hatte sich geweigert, ihn wieder mitzunehmen, und darauf bestanden, dass Thomas für seine Tat weggesperrt werden müsse.

Allerdings war den gleichfalls eher konservativ eingestellten Dorfpolizisten auch klar, dass es keinen Grund gab, Thomas für den offenkundig einvernehmlichen Sex mit seiner Schwester festzuhalten. Immerhin war er ja minderjährig und der Tatvorwurf in den Augen des Gesetzgebers keine solch gravierende Straftat, dass – anders als etwa bei einem Mörder – sofort die Untersuchungshaft angeordnet werden müsste, um die Bevölkerung zu schützen oder die Strafverfolgung zu sichern.

Geldstrafe oder maximal zwei Jahre Freiheitsstrafe sieht das Gesetz für den Beischlaf zwischen Verwandten vor. Die Strafandrohung entspricht also der des Paragraphen 104 Strafgesetzbuch, der »Verletzung von Flaggen und Hoheitszeichen ausländischer Staaten«. Wenn also jemand mit seiner Schwester oder seinem Bruder schläft, droht ihm dieselbe Strafe wie jemandem, der eine öffentlich angebrachte Staatsflagge entfernt oder zerstört.

Die Polizei verständigte daher das Jugendamt. Mit Thomas' Eltern »einigte« man sich auf die Verbringung in eine betreute Wohnanstalt für Jugendliche. Zwei Sozialarbeiter brachten Thomas am nächsten Morgen dorthin.

Seit dem Abend in der Scheune war fast ein ganzes Jahr vergangen, als sich eine Dame in meiner Kanzlei meldete, die sich als Thomas' Tante vorstellte.

Sie machte sich große Sorgen um ihn, denn von ihrem Thomas hatte sie seit jenem Vorfall nichts mehr gehört. Und Thomas' Eltern wollten ihr partout nicht sagen, was mit ihm war und wo er war. Ich nahm mich der Sache an.

Da der Vorfall in der Scheune als Straftat angezeigt worden und damit bei der Polizei aktenkundig war, war es für mich als Anwalt nicht weiter schwer, herauszufinden, wo sich Thomas befand. Nur wirklich geholfen hat das nicht. Denn den Kontakt zu Thomas sollte mir die besagte Jugendeinrichtung von Anfang an strikt verweigern.

Es war eine streng christliche Einrichtung, in die er gebracht worden war. Und das mit dem strengen Christentum nahm man dort auch sehr ernst. Denn nicht nur ein jeder »Bewohner« (Insasse hätte es wohl besser getroffen), sondern auch das Personal musste getauft sein. Letztere durften auch nicht mit ihrem Lebensgefährten oder -gefährtin zusammenwohnen, wenn sie nicht verheiratet waren.

Umso merkwürdiger fand ich es, dass mich die so christlich veranlagten Mitarbeiter so vehement davon abzubringen versuchten, mit Thomas auch nur Kontakt aufzunehmen.

Er befinde sich gerade in einem »konstruktiven Heilungsprozess« und man wolle durch das Gespräch mit mir keinen »Rückfall« riskieren, hatte man mir am Telefon erklärt. Und meine Kontaktaufnahme zu Thomas' Eltern gestaltete sich ähnlich erfolglos. Auch sie wollten nichts mit mir zu tun haben. Eine Vollmacht, ihren Sohn anwaltlich vertreten zu dürfen – immerhin war das

Strafverfahren gegen Thomas noch anhängig –, wollten sie mir erst recht nicht erteilen. Thomas sei gerade auf einem guten Weg der Besserung und dürfe hierbei nicht vom rechten Weg abgebracht werden, schon gar nicht durch einen gottlosen Menschen wie mich, der »Vergewaltiger und so was vertritt«. Mit diesem letzten Satz hatte der Vater das Gespräch dann auch abrupt beendet. Es war eine ziemlich verzwickte Situation, denn in dieser Anstalt für Jugendliche saß ein Junge, der womöglich dringend anwaltliche Hilfe benötigte. Aber weder von der Einrichtung noch von seinen Eltern wurde mir als Anwalt erlaubt, ihn überhaupt nur zu treffen, geschweige denn ihm zu helfen. Und da Thomas noch nicht volljährig war, mussten die vertretungsberechtigten Eltern einer anwaltlichen Vertretung ihres Sohnes zustimmen. Ohne elterliche Zustimmung keine anwaltliche Vertretung eines Minderjährigen – zumindest ist das grundsätzlich so geregelt.

Aber von dieser Regel gibt es eine Ausnahme: Wenn Eltern rechtlich betrachtet in einem Interessenkonflikt zwischen sich und ihren Kindern stehen, dürfen sie trotz ihres elterlichen Sorgerechts nicht mehr selbst für ihre Kinder entscheiden. Das ist auch gut so, denn wenn beispielsweise Vater und Mutter dem eigenen Kind etwas verkaufen wollten, dann würden sie zugleich als Verkäufer für sich selbst wie auch als Käufer im Rahmen ihrer elterlichen Vertretungsmacht für ihr Kind handeln. Der Verkäufer würde also den Kauf mit sich selbst abschließen und wäre damit wohl gerade in Bezug auf die Preisverhandlungen kaum noch neutral. Als Außenstehender würde man sich dann wohl zu Recht fragen, ob die Eltern nunmehr ihre eigenen Interessen oder die ihres Kindes vertreten.

Dasselbe Problem gilt natürlich auch für strafrechtliche Belange. Denn wenn – wie im vorliegenden Fall – Tochter und Sohn gleichermaßen von einem strafrechtlichen Vorwurf betroffen sind, kann nicht ausgeschlossen werden, dass die verwandtschaftliche Stellung der Eltern zu der Tochter einerseits und dem Sohn andererseits die Eltern in ihrem Urteil beeinflusst, auch bei der Frage nach der Beauftragung eines beziehungsweise welchen Rechtsanwaltes.

Und Thomas' Eltern hatten ja auch seit über einem Jahr gar nichts unternommen, um ihm zu helfen. Sie hatten ihn lediglich in diese Einrichtung gesteckt und wollten weiter nichts mehr mit ihm zu tun haben.

Aus diesem Grund war es im Ergebnis nicht weiter schwer, das zuständige Familiengericht davon zu überzeugen, für Thomas einen sogenannten Ergänzungspfleger zu bestellen, eine neutrale Person also, die entscheiden sollte, ob beispielsweise die Beauftragung eines Rechtsanwaltes vorgenommen werden muss.

Und der gerichtlich bestellte Ergänzungspfleger hatte nicht lange gezögert, mir die Erlaubnis zu erteilen, Thomas zu besuchen und ihn gegebenenfalls auch anwaltlich zu vertreten.

Die »christliche Jugendeinrichtung«, in der Thomas untergebracht war, entpuppte sich als ein steriles Betongebäude fernab der Großstadt, umgeben von einem hohen Stacheldrahtzaun. Offen gesagt hatte ich noch kein einziges Jugendgefängnis gesehen, das solch hohe Sicherheitsstandards und eine solche Tristesse in sich vereinte. Die Fenster waren vergittert, und selbst die in der Mitte der Anlage stehende Kirche war eigens ummauert. Es gab sogar einen privaten Wachdienst, der regelmäßig mit einem Geländewagen den Zaun des Anwesens entlangpatrouillierte. Wohlgemerkt, es handelte sich nach der Eigendarstellung der Jugendeinrichtung eben nicht um ein Gefängnis und auch nicht um ein Krankenhaus für psychisch Kranke, sondern um eine soziale Einrichtung für Jugendliche.

Wenig erstaunlich war daher, dass auch im Gebäude alles ziemlich steril wirkte: weiße Wände, wenig Fenster, viel Neonlicht. Jugendgerecht sieht anders aus, dachte ich mir, als ich an dem großen Werbeschild im Eingangsbereich der Einrichtung vorbeiging, auf dem in großen Lettern »Jugenderziehung ist unsere Freude« stand.

Im Wartebereich durfte ich eine lebhafte Diskussion mit dem Pflegepersonal und schließlich mit dem Anstaltsleiter führen, ehe es mir am Ende dann doch gestattet wurde, mit Thomas alleine zu reden. Der Gerichtsbeschluss und meine Ankündigung, ihn notfalls mit einem Gerichtsvollzieher zu vollstrecken, überzeugte schließlich. Dabei war es dem Anstaltsleiter sichtlich wichtig, bei dem Gespräch mit Thomas dabei zu sein, um gegebenenfalls »helfend einschreiten« zu können, falls Thomas bei dem Gespräch mit mir in »alte Verhaltensmuster zurückfallen« würde.

Was auch immer der Anstaltsleiter mit diesen »alten Verhaltensmustern« meinte, ich war in meiner Funktion als Anwalt hier, und da gilt das Mandatsgeheimnis zwischen Anwalt und Mandant. Der Anstaltsleiter hatte also keine andere Wahl, als mich mit Thomas alleine zu lassen – freilich tat er auch das nur sehr widerwillig und nur nach genauester Lektüre des Gerichtsbeschlusses.

Als ich dann endlich mit Thomas allein war, dauerte es eine ganze Weile, bevor Thomas überhaupt etwas zu mir sagte. Er wirkte sehr eingeschüchtert, traute sich zunächst nicht, mit mir zu sprechen. Den Blick hatte er stets abwechselnd zur Tür oder auf das vergitterte Fenster gerichtet, wohl aus Angst, jemand könne zuhören.

Ich erklärte ihm zunächst, dass ich ihn in dem Strafverfahren wegen des Beischlafs mit seiner Schwester Leonie vertreten und ihm gerne helfen würde. Aber wirklich gefreut hatte sich Thomas hierüber augenscheinlich nicht. Er sagte nur, dass das nicht nötig sei, weil er für sein sündhaftes Verhalten bestraft werden müsse. Das sei ihm in der Zeit seines Verbleibs in der Einrichtung endlich bewusst geworden. Außerdem gefalle es ihm da ausgezeichnet. Die täglich stattfindenden Kirchenandachten – am frühen Morgen, am Nachmittag und am Abend – täten ihm sehr gut und reinigten seine sexualisierte Seele.

Das waren definitiv nicht die Worte eines Fünfzehnjährigen, und es war auch nicht die Erscheinung eines normalen Fünfzehnjährigen, die mir da gegenübersaß.

Wie die anderen Bewohner der Einrichtung auch, war Thomas ganz in Weiß gekleidet und trug ein ledernes Band mit einem großen Holzkreuz um den Hals. Mit seinen Händen umklammerte er eine kleine rote Bibel.

Er wirkte völlig ferngesteuert, so wie ich mir einen Menschen nach einer zweiwöchigen Gehirnwäsche bei einer dubiosen Sekte vorstelle. Und wenn ich dann noch dar-

an dachte, dass ich mit fünfzehn Jahren neben Mopedführerschein, Discobesuchen oder Nächten des Computerzockens wahrlich andere Dinge im Kopf gehabt hatte als Kirchenandachten, wurde ich in meiner Meinung über diese »christliche Einrichtung«, in der sich Thomas befand, nur noch mehr bestätigt.
Ich hatte meine Überzeugung gefasst: Thomas musste hier, so schnell es ging, raus. Straftat hin oder her, das, was man hier mit Thomas veranstaltete, war Gehirnwäsche unter dem Deckmantel christlicher Werte und Tugenden. Ich war mir nicht einmal sicher, ob die Kirche überhaupt von dieser Institution hier wusste. Ein Straflager in Sibirien stand ihr jedenfalls in nichts nach. Doch ganz so einfach, Thomas dort herauszubringen, war es natürlich nicht, auch wenn ich mir nach einigen Stunden im Gespräch mit Thomas sicher sein konnte, dass er alles andere als gern dort war. Denn je mehr wir miteinander sprachen, ich ihm von seiner Tante und seinen Cousins erzählte, und je mehr Vertrauen er zu mir fasste, desto mehr gab er mir gegenüber zu erkennen, wie sehr er sich nach Freiheit sehnte.
Nur würden Thomas' Eltern das auf keinen Fall wollen. Und da sie seine Erziehungsberechtigten waren, würde eine Entlassung aus der »Einrichtung« zwangsläufig eine gerichtliche Entscheidung erfordern.
Dazu war aber wiederum das laufende Strafverfahren gegen Thomas nicht gerade hilfreich.
Denn ein Jugendlicher, der ein Strafverfahren am Hals hat, wird es deutlich schwerer haben, einen Richter davon zu überzeugen, dass er nicht in eine soziale Einrichtung gehört – so viel war klar.

Und rein rechtlich ist der Beischlaf zwischen Verwandten nun mal verboten.

Wobei, wirklich nachvollziehbar ist das im Übrigen nicht, denn es gibt keine überzeugende Antwort auf die Frage nach Sinn und Zweck dieses Verbotes: Die lange Zeit als Hauptargument hervorgebrachte Gefahr genetischer Schädigungen der aus inzestuösen Beziehungen hervorgehenden Kinder ist längst überholt. Wissenschaftlich betrachtet ist eine substanziell erhöhte Gefahr genetischer Schäden bei Inzestabkömmlingen noch nicht einmal bewiesen. Und ganz nebenbei angemerkt, wäre eine solche Gesetzesbegründung mit dem Menschenbild des Grundgesetzes unvereinbar. Das Bestreben, die Zeugung behinderter Menschen mit Hilfe eines strafrechtlichen Verbotes zu verhindern, verträgt sich nämlich alles andere als gut mit der Menschenwürde von Behinderten. Aus gutem Grund gibt es auch ansonsten kein strafrechtliches Verbot für Menschen mit genetischen Defekten, Kinder zu bekommen, obwohl in diesen Fällen die Gefahr einer teils erheblichen Behinderung der Kinder wissenschaftlich klar belegbar ist. Hinzu kommt auch, dass Thomas und seine Schwester ohnehin stets ein Kondom benutzt hatten.

Der zweifelhafte Strafzweck des Beischlafs zwischen Verwandten war dann auch der Grund, warum sich die zuständige Staatsanwältin schnell zur Einstellung des Strafverfahrens gegen Thomas bewegen ließ. Mittlerweile ordnet das Gesetz sogar selbst an, dass Geschwister, die den Beischlaf miteinander vollziehen und zur Zeit der Tat noch nicht achtzehn Jahre alt sind, schuldlos handeln. Sie können deshalb nicht bestraft werden.

Auch das zuständige Familiengericht zögerte nicht lange und übertrug Thomas' Tante, auf ihren Antrag hin, die Vormundschaft für ihn. Thomas' Eltern hatten im Ergebnis auch nichts dagegen, sie wollten ja ohnehin mit ihrem Sohn nichts mehr zu tun haben, trotz der Verfahrenseinstellung durch die Staatsanwaltschaft.

Noch am Tag der familiengerichtlichen Entscheidung wurde Thomas von seiner Tante aus der Jugendanstalt abgeholt.

In die Kirche ist Thomas seither nie wieder gegangen.

Babysitter für den Papa

Irgendwie hatte Bernd Huber es kommen sehen. Nach fünfzehn Jahren Ehe und fast dreißig Jahren Beziehung hatte sich seine Frau von ihm getrennt. Und es war okay. Die Ehe war kinderlos geblieben. Ein Liebesleben hatten die beiden ohnehin nicht mehr. Er kämpfte nicht um die Beziehung, insgeheim war er sogar ein bisschen froh: Bernd hatte nun schließlich einiges nachzuholen. Seine Ex-Frau war außerdem deutlich älter als er. Jetzt reizte Bernd die andere Richtung – die deutlich jüngeren Frauen.
Nun war Bernd noch nie der Typ gewesen, dem die Frauen nur so hinterherliefen. In den Ehejahren hatte er sich dazu noch ziemlich gehenlassen. Zumindest stand er aber finanziell ganz ordentlich da. Als Verkaufsleiter einer großen deutschen Automobilfirma war sein Bankkonto gut gedeckt. Und Bernd war im Übrigen fest davon überzeugt: Das Internet würde es richten.
Kaum war seine Ehefrau aus dem gemeinsamen Haus ausgezogen, meldete er sich unter dem Eindruck verlockender Werbeversprechungen gleich bei mehreren Onlinedating-Portalen an. Als frischgebackener Single wollte er es so richtig krachen lassen. Bernd hatte sich sogar zwei Wochen Urlaub genommen, um sich auf den verschiedenen Plattformen ganz der Suche nach aben-

teuerlustigen jüngeren Damen zu widmen und sich gründlich auszutoben.

Leider sollten sich seine Hoffnungen vorerst nicht erfüllen. Die paar Frauen, die auf Bernds zahlreiche und etwas ungelenke »Flirt-Anfragen« hin Interesse zeigten, entpuppten sich entgegen ihrer teils stark abweichenden Profilbilder allesamt als ähnlich beleibt wie er selbst und zumeist sogar noch als etwas älter!

Später sollte Bernd mir erzählen, dass ihn gerade diese Unehrlichkeit der Damenwelt hinsichtlich Profilfotos, Body-Maßen, Alter und nicht zuletzt Körbchengröße so nachhaltig verärgert habe. Da habe er sich einfach etwas dagegen einfallen lassen müssen.

Bernds daraufhin erfolgte »Sofortmaßnahmen« führten im Ergebnis zu keinem wirklichen Erfolg. Die neuen Porträtfotos hatte er sich zwar von einem Fachmann aufwendig retuschieren lassen. Auch hatte er ein arg geschöntes »Flirtprofil« erstellt und dabei die fachlichen Ratschläge dubioser »Flirtexperten« auf diversen Bezahlseiten im Internet umgesetzt. Sein Aufwand war also durchaus erheblich.

Aber auch wenn sich fortan tatsächlich ein paar jüngere Frauen bei ihm meldeten, spätestens als sie den realen Bernd bei einem ersten Treffen kennenlernten, ergriffen sie sämtlich zügig die Flucht. Die Diskrepanzen zwischen Realität und Online-Selbstdarstellung waren einfach doch zu gravierend.

Die vielen und vor allem kostspieligen Flirt-Portale brachten Bernd keinerlei Erfolg. Von den meisten Frauen in seiner gewünschten Alterszielgruppe von achtzehn bis dreiundzwanzig wurde er ohnehin bald blockiert.

Aber jetzt saß Bernd auf einer Polizeiwache. Den Verlauf seines letzten Dates hatte er sich bestimmt anders vorgestellt, dessen war ich mir sicher. Welcher flirtwillige Mann will schon anstelle einer jungen hübschen Dame mit seinem Anwalt vorliebnehmen? Aber nun saß ich ihm anstelle der Frau gegenüber, mit der er an diesem Tag eigentlich verabredet gewesen war. Und noch schlimmer: Ausgerechnet seine hübsche Verabredung hatte dafür gesorgt, dass er mit seinem Anwalt bei der Polizei sitzen sollte. Sie hatte ihn angezeigt.
»Die Frauen machen es doch genauso!«, beteuerte Bernd immer wieder. Er meinte damit die Frauen, die auf Onlinedating-Portalen bei Profilbild, Gewichtsangabe und Alter auch etwas geschummelt hatten – so wie er.
Gut, der Vollständigkeit halber muss man schon erwähnen, dass seine »Kreativität«, um übers Internet an die jungen hübschen Frauen heranzukommen, da noch ein ganzes Stück weiter gegangen war als die sonst so üblichen Schummeleien zur eigenen Person auf Dating-Seiten.
Aus dem Keller hatte er zunächst ein gut zehn Jahre altes Familienfoto hervorgeholt, das ihn mit seiner Ex-Frau und deren Patenkind Johnny zeigte. Auch dieses Foto hatte er ordentlich beim Fachmann nachretuschieren lassen. Deutlich schlanker, jünger und maskuliner sah er auf der nachbearbeiteten Version aus. Seine Ex-Frau ließ er unbearbeitet, es war ihm wichtig, dass vor allem er auf dem Foto deutlich hervorstach.
Mit dem Bild, das ihn gut fünfzehn Jahre jünger wirken ließ, meldete sich Bernd Huber bei der Internet-Plattform »Babysitter gesucht« an. Eltern können dort auch

kurzfristig für Kinderbetreuung inserieren, Zielgruppe sind vor allem junge Abiturientinnen oder Studentinnen, die sich durch Babysitten ein wenig Geld dazuverdienen wollen.

In seinem Profil, das in keinem einzigen Punkt der Wahrheit entsprach, gab Bernd an, dringend auf der Suche nach einer geeigneten Babysitterin für seinen »Sohn Johnny« zu sein. Der zukünftigen Babysitterin versprach er eine für diesen Job wahrhaft fürstliche Entlohnung.

Bald meldeten sich zu Bernds Entzücken zahlreiche junge und auch hübsche Frauen bei ihm, die ihn und seinen Johnny unbedingt kennenlernen wollten. Freilich war nicht ganz auszuschließen, dass die meisten eher an der geradezu absurd hohen versprochenen Bezahlung interessiert waren als an Johnny selbst.

Das vorgeschlagene »Vorstellungsgespräch« im städtischen Schwimmbad schreckte dementsprechend auch nur wenige Bewerberinnen ab. Es fand immer erst einmal ohne den »sehr schüchternen Johnny«, dafür aber in Badebekleidung statt. Johnny sei eben ein äußerst sensibler Junge, da müsse Bernd Huber als fürsorglicher Vater erst einmal sehen, ob die »Chemie« stimme. Und da Johnny immer »soooo gerne« ins Schwimmbad gehe, sei es doch praktisch, bei dieser Gelegenheit Johnnys Lieblingsfreizeitbeschäftigung auch gleich mal vor Ort kennenzulernen.

So hatte Bernd Huber jedenfalls seinen doch eher ungewöhnlichen Ort für ein erstes Vorstellungsgespräch den Bewerberinnen erklärt. Selbst als er relativ unverblümt die »Bewerberinnen« – der »flüssigeren Gesprächsatmosphäre« wegen – regelmäßig mit in die Sauna bat, waren noch immer genügend junge Frauen in Hoffnung auf den wirklich gut bezahlten Job bereit, das erhebliche Opfer zu bringen, den vollständig entblößten Bernd Huber in ihrer Nähe zu erdulden.

Dort kam er dann auch schnell zur Sache: In einem aufgesetzt weltmännischen Stil erklärte er den Bewerberinnen, dass er schon auch selbst ganz gerne nette Gesellschaft habe. Wichtig für den Erfolg der Bewerbung sei also, dass sich die »Bewerberin« vorstellen könne, auch nur mit ihm alleine und ohne Johnny ein wenig Zeit zu verbringen – natürlich gegen entsprechende Bezahlung. Bernd konnte sich fortan nicht mehr beschweren. Bei einigen Mädels funktionierte seine neue Masche gut. Bei anderen zumindest dann, wenn er den ohnehin schon üppigen »Babysitterlohn« verdoppelte. Sicher gab es auch einige, bei denen die Johnny-Masche gar nicht gut ankam. Die ließen Bernd in der Sauna einfach stehen und nichts mehr von sich hören.

Nur an diesem Tag war seine Masche nicht aufgegangen. Die Pädagogikstudentin hatte tatsächlich deutlich mehr Interesse an »Johnny« als an den schmierigen Wünschen des hundertvierzig Kilo schweren Bernd. Bereits in die Sauna hatte sie ihn nur sehr widerwillig begleitet. Als sich der stark schwitzende Bernd dort auch noch ganz nah neben sie setzte und ihr unverhohlen ins Ohr raunte, ob sie sich gegen einen fürstlichen Aufpreis nicht auch vorstellen könne, sich ausschließlich mit ihm zu beschäftigen, z. B. bei einer kleinen Massage, ging ihr das entschieden zu weit. An diesem Punkt war sie unvermittelt aufgestanden und zum Bademeister gegangen. Der verständigte wegen Bernds »sexueller Machenschaften« sofort die Polizei. Noch beim Abführen aus dem Schwimmbad vor den neugierigen Badegästen erteilte ihm der Bademeister ein Hausverbot.

Auf der Dienststelle wurde Bernd sofort erkennungsdienstlich behandelt und die polizeiliche Sexualstraftäterkartei sogleich mit seinen Personalien gefüttert.

Als ich ihn auf dem Gang vor dem polizeilichen Vernehmungszimmer, nur mit Badehose bekleidet, zum ersten Mal sah, gab er wahrlich kein gutes Bild ab. Vielleicht tat auch die massive Goldkette, die er um den Hals trug, noch ihr Übriges dazu.

Doch auch wenn Herr Huber der jungen Studentin und den Beamten in diesem Aufzug einen recht lüsternen Eindruck vermittelt haben mag, einen Grund, ihn gleich mit auf die Dienststelle zu nehmen, hatte es rechtlich nicht gegeben: Natürlich war es nicht verboten, falsche Angaben über sich im Internet zu machen. Sein Inserat auf der Plattform »Babysitter gesucht« war auch nur ein bloßes Angebot, das noch keinerlei vertragliche Verpflichtungen begründete. Dazu hätten sich Bernd und die Bewerberinnen erst einmal handelseinig werden müssen. Und die Bewerberinnen plump um moralisch fragwürdige anderweitige Dienstleistungen zu bitten, mag nicht sonderlich taktvoll sein, ist grundsätzlich aber nicht verboten, zumindest nicht strafrechtlich: Denn Bernd hatte das mit seinen zweifelhaften Wünschen absolut ernst gemeint. Beleidigen wollte er damit niemanden, auch wenn sich seine letzte Frauenbekanntschaft durch seine Taktlosigkeit durchaus beleidigt gefühlt haben mag. Und soweit man solcherlei »Angebo-

te« nicht in der Absicht kundtut, den anderen beleidigen zu wollen, ist das strafrechtlich irrelevant.
Die Polizei musste Bernd Huber wieder gehen lassen. Ich merkte ihm an, dass er über sein Date mit seinem Anwalt jetzt doch ganz froh war. Auch aus der Sexualstraftäterkartei musste er sofort wieder gelöscht werden. Sogar die Schwimmbadleitung hob das Hausverbot gegen ihn wieder auf, schließlich wollte man den solventen Stammgast nicht verlieren.
Nur auf der Babysitter-Plattform wurde er lebenslang gesperrt.

Küchenpsychologie

Ich war von Anfang an von der Unschuld meines Mandanten überzeugt.
Er war ihr Friseur. Sie hatte in der Zeitung inseriert, einen Friseur zu suchen, der auch Hausbesuche machte. Denn sie verließ das Haus nur äußerst ungern. Angeblich mochte sie keine »Menschenmassen«, und unter einer Menschenmasse verstand die eigenwillige Zeugin so ziemlich jede Vielzahl von mehr als zwei Personen zur selben Zeit am selben Ort.
Es waren diese kleinen Ungereimtheiten am Rande des angeblichen Tatgeschehens, die mich an ihrer Geschichte hatten zweifeln lassen – neben der Tatsache, dass der angeklagte Friseur eindeutig homosexuell veranlagt war. Mit einer Frau war mein Mandant nach eigenen Angaben nämlich in seinem sechzehnten Lebensjahr das erste und letzte Mal intim geworden. Sein gesamtes Umfeld, von der Mutter angefangen bis hin zu seinem Lebensgefährten und seinen ganzen ebenfalls homosexuellen Freunden, bestätigte vor Gericht auch, dass der angeklagte Friseur ausschließlich homosexuell veranlagt sei.
Doch sosehr mein Mandant auch beteuerte, sein angebliches Opfer – außer an den Haaren – nirgendwo angefasst zu haben, die Staatsanwältin hatte ihm das nicht

geglaubt, und das Gericht schien ihm ebenfalls keinen Glauben zu schenken. Denn die Frau hatte objektiv betrachtet überhaupt gar kein Motiv, den Friseur fälschlicherweise einer Vergewaltigung zu bezichtigen.

Weder musste sie einen sexuellen Ausrutscher aus Angst vor einem Ehemann rechtfertigen, noch hatte sie einen Grund, dem Friseur aus Rache schaden zu wollen, weil sie etwa hoffnungslos in ihn verliebt war. Und ihn mit einer solchen Anzeige erpressen zu wollen, lag auch völlig fern.

Alle diese möglichen Gründe für eine Falschaussage lagen aus Sicht der Richter eben nicht vor, denn zwischen der Zeugin und dem Friseur hatte es zuvor nie Ärger gegeben. Die Frau wirkte auf die Richter in ihrer Zeugenaussage als durchaus glaubwürdig.

Letztlich war es ohnehin ein großes Zugeständnis des Gerichts gewesen, auf meinen Antrag hin überhaupt ein Glaubwürdigkeitsgutachten zu der Zeugin in Auftrag zu geben. Schließlich ist die Beurteilung der Glaubwürdigkeit eines Zeugen die ureigenste Aufgabe eines Richters. Im gesetzlichen Regelfall befindet nämlich allein der Richter darüber, ob und wie viel er einem Zeugen glaubt oder eben nicht. Das ist ja auch der Schwerpunkt der richterlichen Tätigkeit.

Das Problem ist nur, gibt ein Richter das Zepter der Glaubwürdigkeitsbeurteilung aus der Hand, weil etwa – wie in diesem Fall – gewisse psychische Vorerkrankungen bei der zu begutachtenden Person bestehen, dann wird sich der Richter mit an Sicherheit grenzender Wahrscheinlichkeit dem Ergebnis des damit beauftragten Gutachters anschließen. Denn ein Richter täte sich auch ziemlich schwer, in seinem Urteil dann plötzlich doch anders zu entscheiden als der beauftragte Sachverständige und zu begründen, warum er, der Richter, jetzt plötzlich die Sachlage doch besser beurteilen könne als ein hochqualifizierter Gutachter.

Für die Begutachtung der Zeugin, die meinen Mandanten so hochgradig belastete, musste auch der vom Gericht zur Fertigung des Gutachtens zur Glaubwürdigkeit bestellte hochangesehene Psychologe zunächst nach Hause kommen – seine Praxis wollte sie genauso wenig betreten wie zuvor den Friseursalon.

In vier mehrstündigen Sitzungen hatte der Psychologe die Zeugin dann umfassend analysiert und zu jenem Vorfall mit dem Friseur befragt. In diesen Gesprächen mit dem Psychologen zeigte sich auch, dass die gute Dame insgesamt recht eigenwillige Ansichten und Angewohnheiten hatte: So hatte sie dem Psychologen auf die Frage nach anderen einschneidenden Erlebnissen in ihrem Leben von einem Wochenende erzählt, an dem sie zwei Nächte neben ihrer toten Mutter im Bett verbracht hatte, weil sie sich den Wochenendzuschlag des Bestatters für die an einem Freitagabend verstorbene Mutter nicht hatte leisten wollen.

Seltsam mutete auch an, dass sie alles, was elektrisch betrieben wurde, kategorisch ablehnte – sie sei besonders empfindlich gegen »Elektrosmog«. Deswegen war ihre Wohnung auch ausnahmslos mit Kerzen anstelle von Lampen ausgestattet, und andere Annehmlichkeiten einer modernen Gesellschaft wie eine Waschmaschine, einen Herd oder gar ein Telefon besaß sie folglich auch nicht.

Dass sie kein Telefon besaß, war auch der angebliche Grund dafür, die Polizei nicht sofort verständigt zu haben. Sie hat noch ganze zwei Monate, nachdem mein Mandant sie in ihrer Wohnung vergewaltigt haben soll – übrigens ihrer Aussage zufolge erst nachdem er ihr die Haare geschnitten hatte –, damit gewartet.

Zu meiner großen Überraschung hatte der hochangesehene Psychologe der Frau im Zeugenstand dennoch eine voll erlebnisbasierte Aussage und uneingeschränkte Glaubwürdigkeit attestiert.

Er stützte seine Expertise auf ihre nachvollziehbaren, zusammenhängenden und vor allem detaillierten Schilderungen des Tathergangs. Schließlich habe sie dem Sachverständigen minutiös den Tathergang schildern können, ohne sich dabei je in Widersprüche zu verwickeln:

Mein Mandant sei ihr von Anfang an nicht recht geheuer gewesen. Aber da er für einen renommierten Friseursalon arbeitete und ihr bei seinen ersten beiden Besuchen in ihrer Wohnung die Haare sehr zu ihrer Zufriedenheit geschnitten hatte, habe sie dann doch etwas Vertrauen zu ihm gefasst.

Als sie ihn aber nach dem dritten Friseurtermin zur Wohnungstür begleitete, um ihn zu verabschieden, habe er sie plötzlich an den Schultern gepackt, sie in einem festen Griff den Flur entlang in die Küche dirigiert und auf den Küchentisch gestoßen. Dann habe er ihr mit der einen Hand die Hände überkreuz festgehalten, während er ihr mit der anderen Hand die Hose mit seiner Friseurschere aufgeschnitten habe. Wegen der spitzen Schere habe sie sich nicht getraut, sich gegen den Friseur zur

Wehr zu setzen oder um Hilfe zu schreien, und habe die quälende Tortur einfach über sich ergehen lassen. Das, obwohl sie eine physiologisch bedingt sehr enge Vagina habe, weshalb auch das Eindringen seines Penis besonders schmerzhaft gewesen sei. Wenigstens habe der eigentliche sexuelle Akt nicht lange gedauert, der Friseur sei relativ schnell in ihr gekommen und ohne ein Wort zu sagen gegangen.

Für den renommierten Psychologen bestand nach dieser, aus seiner Sicht, sehr elaborierten Geschichte kein Zweifel, dass das alles genau so passiert war. Dass die Zeugin die Geschichte auch vor Gericht ohne Abweichungen oder Fehler im Vergleich zu früheren Ausführungen schilderte, war für den Psychologen der letzte Beweis ihrer Glaubwürdigkeit.

Für mich war es eher der Beweis, dass sie gut auswendig lernen konnte, aber die Expertise des Psychologen war auch diesmal für das Gericht ausschlaggebend. Dass mein Mandant nach der Aussage des profunden Psychologen daher verurteilt werden würde, war klar. Da halfen all die Leumundszeugen und auch die erwiesene Homosexualität des Mandanten nichts.

Auch ein homosexueller Mann kann eine Frau vergewaltigen, das eine schließe das andere biologisch nicht aus, stellten die Richter in der Urteilsbegründung noch rein ergänzend fest. Der Friseur wurde zu fünf Jahren und sechs Monaten Haft verurteilt. Vor allem, dass die Tat in der Wohnung, also einem von der geschädigten Frau als sicher empfundenen Terrain begangen worden war, werteten die Richter als besonders strafverschärfend.

Gut, natürlich konnte ich mich in meiner festen Überzeugung von der Unschuld des Friseurs irren. Rein faktisch hätte mein Mandant die Tat auch begangen haben können, wer kann schon wirklich sicher sagen, was in anderen Menschen vorgeht? Weder war ich bei der angeblichen Tat dabei gewesen, noch war ich Sachverständiger für Glaubwürdigkeitsbegutachtungen.

Als allerdings, gute sechs Wochen nach der Verurteilung, der Aussagepsychologe kreidebleich und mit einer polizeilichen Vorladung in Händen in meiner Kanzlei erschien, war ich mir sicher, dass ich mit meiner »Unschuldsvermutung« in Bezug auf den Friseur recht gehabt hatte.

Dieselbe Frau, die den homosexuellen Friseur wegen Vergewaltigung für knapp sechs Jahre ins Gefängnis gebracht hatte, hatte nun auch den Psychologen angezeigt. Wegen Vergewaltigung. Es sei während einer der Begutachtungstermine in ihrer Wohnung passiert – wieder auf ihrem Küchentisch.

Ausgerechnet der Psychologe, der mit seiner profunden Diagnose dafür gesorgt hatte, dass die Richter nicht dem Friseur mit tadellosem Leumund, sondern der eigenwilligen Frau uneingeschränkt Glauben geschenkt hatten, musste sich jetzt entscheiden, ob er in Bezug auf die neuen Vorwürfe der Frau bei seiner Meinung blieb.

Nun musste entweder der Psychologe klarstellen, dass die Frau, der er noch kurz zuvor uneingeschränkte Glaubwürdigkeit attestiert hatte, völlig unglaubwürdig sei, mit der Folge, dass dies rückwirkend sein sachverständiges Urteil im Prozess gegen den Friseur stark in Frage stellen würde, oder aber er blieb bei seiner Einschätzung, mit der Folge, dass nun auch er angesichts der von der Frau gegen ihn erhobenen Vorwürfe befürchten musste, für knapp sechs Jahre weggesperrt zu werden.

Naheliegenderweise entschied sich der Psychologe für die erste Option. In seiner polizeilichen Vernehmung gab er deshalb an, dass er die Frau nunmehr für hochgradig schizophren und daher völlig unglaubwürdig halte.

Das Strafverfahren gegen den Psychologen wurde daraufhin eingestellt.

Ich war mir sicher, dass sich nun auch für den Friseur alles zum Guten wenden sollte.

Eine Wiederaufnahme des Verfahrens gegen den verurteilten Friseur lehnte das zuständige Gericht aber ab. Es gebe schließlich keinen Grund, an dem damaligen richterlichen Urteil zu zweifeln. Daran änderte auch die neue Expertise des Psychologen nichts, Glaubwürdigkeitsbeurteilung sei schließlich ureigenste Aufgabe des Richters.

Der Hörer

Es war nicht leicht, ihm am Telefon zu folgen. Er stotterte sehr stark. Die Worte »Polizei« und »Durchsuchung« konnte ich mir aber noch irgendwie zusammenreimen.
Er klang sehr verzweifelt. Verständlich, denn so eine Hausdurchsuchung ist alles andere als angenehm: Sie findet fast immer in den frühen Morgenstunden statt. Weil die Beschuldigten zu der Zeit eben besser erreichbar seien, behauptet die Polizei. Dass es auch an dem Überrumpelungseffekt liegen könnte, wenn der Haus- oder Wohnungsbesitzer völlig schlaftrunken und ungeduscht im Schlafanzug einer Schar uniformierter Polizeibeamter gegenübersteht, sei aber definitiv nicht der Grund – so jedenfalls die offizielle Erklärung.
Freundliche Beamte geben einem immerhin noch ein paar Minuten Zeit, den Durchsuchungsbeschluss durchzulesen, bevor sie damit anfangen, Wohnzimmerregale, Badschränkchen und Schlafzimmerbetten zu durchwühlen. Auf das gesetzliche Recht, einen sogenannten Durchsuchungszeugen hinzuzuziehen – etwa einen Nachbarn oder einen Gemeindebediensteten –, verzichten die meisten Betroffenen dann aber doch. Die Situation ist ohnehin schon peinlich genug.
Andererseits wäre das auch schon egal. Der direkt vor

der Tür parkende Streifenwagen bleibt in der Regel ohnehin nicht lange unentdeckt. Spätestens wenn aus der Wohnung zahlreiche Kartons in die Polizeifahrzeuge verladen werden, ist auch dem letzten Nachbarn klar, was hier gerade abläuft.

Nicht selten berichten mir die betroffenen Mandanten daher, dass für sie die Hausdurchsuchung die weitaus schlimmere »Strafe« als die spätere eigentliche Verurteilung sei. Das Eindringen wildfremder Personen in den höchstpersönlichen Lebensbereich und nicht zuletzt die Bloßstellung vor den Nachbarn ist eben alles andere als angenehm.

In der Bemessung der Strafe wird das bei der späteren Verurteilung nicht berücksichtigt – obwohl das Gesetz eine Strafmilderung von außergerichtlichen Rechtseingriffen nicht ausschließt. Eine Hausdurchsuchung sei eben eine gängige Maßnahme zur Wahrheitsfindung, das gehe mit einem Strafverfahren einher, argumentieren die Richter.

Und schon im Vorfeld gegen eine Hausdurchsuchung rechtlich vorzugehen ist praktisch unmöglich. Denn von der Hausdurchsuchung erfährt man logischerweise erst, wenn die Polizei überraschend vor der Tür steht und die Durchsuchung stattfindet. Natürlich wird keiner vorab von einer bevorstehenden Durchsuchung unterrichtet – die Erfolgschance, dann noch etwas Beweiserhebliches zu finden, wäre ja auch denkbar gering.

Zwar sieht das Gesetz die theoretische Möglichkeit vor, die etwaige Rechtswidrigkeit einer Durchsuchung auch nachträglich feststellen zu lassen. Doch für den Mandanten ist es dann schon zu spät: Die Schränke sind durchwühlt, die Intimsphäre beschmutzt und das Gerede in der Nachbarschaft groß.

Alles, was der Anwalt bei einer Hausdurchsuchung also raten kann, ist, während der Durchsuchung freundlich, aber konsequent zu schweigen. Ein wichtiger Ratschlag: denn Polizeibeamte befinden sich jetzt dort, wo man bisher ungestört war. In der eigenen Wohnung muss man normalerweise nicht aufpassen, was man sagt und wie man es sagt. Sie ist naturgemäß kein Polizeirevier oder Gerichtssaal, wo man schon ob der äußeren Umstände aufmerksam und aufgeweckt ist. Umso unangenehmer ist dann oft das Erwachen, wenn Polizisten später bei Gericht von sachdienlichen Gesprächen während der Wohnungsdurchsuchung zwischen den Angehörigen berichten. Aber auch das würde ja angeblich nicht ausgenutzt, heißt es.

Insofern hatte das Stottern meines neuen Mandanten also auch gewisse Vorteile. Denn wenn ich ihn schon kaum verstand, die Durchsuchungsbeamten würden es auch nicht tun.

Es dauerte einige Monate, bis schließlich die von der Polizei mitgenommenen Computer und externen Festplatten meines Mandanten ausgewertet waren. Mein Mandant und ich hatten bislang alles nur übers Telefon und per E-Mail abgesprochen. Er wollte einfach partout nicht persönlich zu mir in die Kanzlei kommen. Es war ihm schon am Telefon so schwergefallen, mit mir über die Vorwürfe zu reden. Ich hatte dann nicht weiter darauf bestanden, auch wenn es grundsätzlich schon ratsam ist, sich einen persönlichen Eindruck von seinem

Mandanten zu machen. Für den Mandanten hätte es aber die Überwindung seines Lebens gekostet.

Die Auswertung der beim Mandanten beschlagnahmten Datenträger bestätigte leider all das, was mir der Mandant am Telefon gebeichtet hatte. Relativ wahllos hatte er Tausende pornographische Dateien aus dem Internet heruntergeladen und getauscht.

Solche Online-Tauschbörsen, in denen man Daten jedweder Art miteinander teilt, gibt es unzählige im Internet. Und das ist grundsätzlich auch legal; nur werden dort freilich ganz regelmäßig auch Dateien getauscht, deren Inhalte entweder urheberrechtsgeschützt oder eben illegal sind. Dann hat man regelmäßig ein Problem. Um Tierpornographie sollte es im Fall meines Mandanten gehen. Eine Straftat, die einen gewissen Seltenheitswert bei Gericht hat. Denn zum einen ist der Markt für Tierpornographie ziemlich klein, zum anderen ist anders als etwa bei der Kinder- und Jugendpornographie der bloße Besitz von Tierpornographie nicht strafbar. Nur das Verbreiten von Pornos mit Tieren ist verboten. Laut polizeilichem Auswertungsbericht hatte mein Mandant angeblich unzählige Bilder und Videos von Sex zwischen Mensch und Tier im Internet zum Download zur Verfügung gestellt.

Dabei ist allerdings bereits sehr fraglich, warum das Verbreiten von Tierpornographie überhaupt strafbar ist. Es ist es jedenfalls, allerdings nicht aus Tierschutzgründen, denn die strengen Voraussetzungen des Tierschutzgesetzes sind bei bloßem Sex mit Tieren kaum erfüllt: Wirbeltiere werden dort nur vor grundloser Tötung oder dem rohen Zufügen erheblicher Schmerzen geschützt, andere Tiere als Wirbeltiere unterliegen schon gar keinem gesetzlichen Schutz. Und je mehr ich darüber nachdenke, meine ich, dass es einer Kuh oder einem Pferd im Zweifel angenehmer sein wird, von einem Menschen an den Geschlechtsorganen stimuliert als zum Verspeisen getötet zu werden. Denn das Töten zum Verspeisen von Tieren ist ja im Gegensatz zum verbreiteten Austausch von Zärtlichkeiten erlaubt.

Einzige Begründung für das strafrechtliche Verbot der Verbreitung von Tierpornographie kann daher nur sein, dass tierpornographische Darstellungen vom Gesetzgeber als ganz besonders widerwärtig und deshalb strafwürdig eingeordnet werden. Aber auch das ist letztlich eine sehr fragwürdige Begründung und liegt auch da immer im Auge des Betrachters. Denn graphische Pornographie etwa mit Fäkalien wird sicherlich von vielen Betrachtern auch als extrem widerwärtig empfunden, ist aber dennoch nicht strafrechtlich verboten, der Austausch von Tierpornographie hingegen selbst dann, wenn alle Beteiligten dem getauschten Material gegenüber höchst positiv eingestellt sind.

Würde sich also ein wegen des Verbreitens von Tierpornographie Verurteilter ans Bundesverfassungsgericht wenden, ich wäre mir nicht sicher, ob die Verfassungsrichter das Gesetz wirklich (noch) für rechtmäßig erklären würden; getreu dem Motto »Jedem Tierchen sein Pläsierchen«.

Nur hat sich bislang noch kein höheres Gericht mit dieser Frage beschäftigen müssen, denn zum einen ist es vermutlich den pro Jahr nur an wenigen Händen abzuzählenden Beschuldigten einfach zu peinlich, gegen ihre Verurteilung wegen Tierpornographie vorzugehen. Und beim Strafgericht selbst braucht man gar nicht erst damit zu argumentieren, dass man ein Gesetz für rechtswidrig hält. Richter sind an das bestehende Gesetz gebunden. Wenn es die Verbreitung von Tierpornographie unter Strafe stellt, muss das Gericht auch deswegen verurteilen. Einzige Möglichkeit wäre auch hier die Vorlage zum Bundesverfassungsgericht durch den Strafrichter, aber wer macht sich schon gern mehr Arbeit, als er sich ohnehin schon machen muss.

Zum anderen neigen die Staatsanwaltschaften angesichts des umstrittenen Charakters des Straftatbestandes der Tierpornographie ohnehin dazu, ganz regelmäßig die wenigen Fälle wegen geringer Schuld einzustellen und gar nicht erst weiter strafrechtlich zu verfolgen.

Nur mein Mandant hatte es wohl in seiner Download- und Tauschwut deutlich übertrieben. Neben einer gewaltigen Menge an strafrechtlich irrelevanter »regulärer« Pornographie war bei ihm gleichzeitig eine erhebliche Masse an Tierpornographie, teilweise recht extremen Inhalts, aufgefunden worden, wobei er sämtliche Dateien auch nachweislich ganz freimütig in der Tauschbörse für jedermann zum Download angeboten hatte.

Vielleicht waren es aber auch die auf vielen der ausgewerteten Dateien zu sehenden Haustiere, die den Staatsanwalt diesmal dazu bewogen hatten, bei meinem Mandanten kein Auge zuzudrücken und das Verfahren nicht einfach einzustellen. Denn anders als in den meisten Fällen von Tierpornographie, wo oft Pferde und andere Nutztiere zu sehen sind, deren (überwiegend männliche) Geschlechtsorgane von leicht bekleideten Frauen in erotischer Pose angefasst und stimuliert werden, war das bei den vielen Videodateien meines Mandanten anders.

Dort kamen vor allem Haustiere, überwiegend Hunde, zum Einsatz. Immerhin schienen die Hunde, die in den meisten Videos Menschen (meist Frauen) in unterschiedlichen Stellungen bestiegen, es »freiwillig« zu tun, auch wenn ich mir natürlich die Frage stellte, wie man Hunde zu einem solchen Sexualverhalten bewegt.

Wenig glaubhaft waren indes die Schilderungen meines Mandanten zur Herkunft dieser Dateien. Er bestritt hartnäckig, jemals wissentlich Tierpornographie heruntergeladen oder gar getauscht zu haben. Tatsache war, dass unzählige Tierpornos auf seinem Computer gefunden wurden und diese nachweislich auch von seinem Rechner aus zum Tausch im Internet angeboten worden waren. Und dass mein Mandant bei der schier unfassbar hohen Anzahl an Tierpornos nicht gemerkt haben will, solcherlei Filme auf seinem Rechner gespeichert und gleichzeitig auch zum Tausch angeboten zu haben, würde ihm kein Gericht der Welt glauben.

So dachte ich zumindest. Dass mir aber mein Mandat tatsächlich die Wahrheit gesagt hatte, wurde mir erst klar, als ich ihn kurz vor Beginn der Gerichtsverhandlung endlich persönlich kennenlernte.

Bisher hatte er ja alle anwaltlichen Besprechungen aus Scham ausschließlich über das Telefon wahrgenommen. Aber zum Gerichtstermin musste er persönlich erscheinen, da gibt's grundsätzlich kein Pardon. Ein Richter muss schließlich schon wissen, wen er da womöglich bestraft, und vor allem, ob er auch den Richtigen bestraft.

Dass der eingangs beschriebene persönliche Eindruck eben doch ganz entscheidend sein kann, wurde mir am Beispiel meines Mandanten wieder einmal sehr deutlich: Er trug eine schwarze Sonnenbrille, eine gelbe Armbinde mit schwarzen Punkten und in der rechten Hand einen weißen Blindenstock.

Glaubhaft erklärte er deshalb auch in der anschließenden Gerichtsverhandlung, einfach nur ganze Datenpakete von verschiedenen Pornoportalen heruntergeladen zu haben, um sich anhand der Stöhngeräusche in den Pornofilmen anzutörnen und dabei selbst zu befriedigen. Er hatte die vielen Videos und Bilder, die er unter Suchbegriffen wie »Harte Hunde besorgen's dir« fand, gar nicht sehen können. Er wusste demnach wirklich nicht, was er sich auf seinen Computer, den er mit Sprachfunktionen bediente, heruntergeladen hatte. Und das Verbreiten von tierpornographischen Schriften kann man nur wissentlich, also vorsätzlich, begehen.

Das in den Videos nur mäßig zu vernehmende Hecheln der Hunde hatte er wohl fehlinterpretiert. Freispruch.

Der Kinderfreund

Sie sind ein dekadenter Knecht des Systems! Ich weiß genau, dass Sie den Buben ihre Lügen in den Mund gelegt haben! Ich bin unschuldig. Sie verschließen Ihre Augen vor dem Missbrauch an der eigenen Seele. Sie sind weder qualifiziert, noch sind Sie erfahren, ich bezweifle, dass Sie überhaupt ein echter Jurist sind!
Herr Richter, ich beantrage hiermit förmlich einen Nachweis darüber, dass dieser Mann überhaupt Anwalt ist. Und meine Briefmarken hat er mir auch gestohlen!«
Der kleine dickliche Mann mit Halbglatze und Pferdeschwanz meinte damit anscheinend die Marken, die er angeblich seinen Briefen an Thorsten und Lasse beigefügt hatte, damit sie ihm ins Gefängnis zurückschreiben könnten – wobei, die beiden hätten seine Briefe ganz bestimmt nicht lesen, geschweige denn ihm in die Untersuchungshaft zurückschreiben wollen.
Glücklicherweise hatten sie die Briefe ohnehin gar nicht erst erreicht: Die Staatsanwaltschaft beschlagnahmte die Briefe im Rahmen der richterlich angeordneten Briefkontrolle. Schließlich lag der Verdacht nahe, dass darin Täterwissen offenbart werden könnte.
Fast eine Stunde lang hatte sich der Mann auf der Anklagebank über mich in Rage geredet. Sein Kopf war mittlerweile hochrot.

Freilich lag das aber bestimmt auch daran, dass er bereits zuvor den neben mir sitzenden Staatsanwalt ins Visier seiner sehr emotionalen Hasstirade genommen hatte.

Der noch recht junge Staatsanwalt tat mir richtig leid. Er wusste gar nicht, wie ihm da gerade geschah, zumal er mit dem Fall erst vor kurzem betraut worden war, um für den sachbearbeitenden Staatsanwalt krankheitsbedingt einzuspringen.

Man sah ihm an, dass er sich den kollegialen Freundschaftsdienst für den Staatsanwaltskollegen anders vorgestellt hatte, als über eine knappe Stunde hinweg von dem Angeklagten aufs übelste beschimpft zu werden. »Telefongesicht« und »Eunuch im Neoprenanzug« (wohl eine Anspielung auf die etwas arg enganliegende schwarze Robe des jungen Staatsanwaltes) waren noch die harmloseren Verunglimpfungen durch den Angeklagten gewesen. Nur gegenüber dem vorsitzenden Richter verhielt sich der Angeklagte ausgesucht höflich, wobei der Herr Vorsitzende durchaus deutlich zu erkennen gab, dass dieser »Respekt« nicht auf Gegenseitigkeit beruhte. Das änderte sich auch nicht dadurch, dass der Angeklagte ihn stets mit »Euer Ehren« ansprach, ein Titel, den es im deutschen Rechtssystem nicht gibt, aber dem Richter schien er fast ein wenig zu gefallen.

Klar hätten sowohl der Staatsanwalt als auch ich den schimpfenden Wüterich wegen seiner nicht mehr enden wollenden Flut an Beleidigungen anzeigen können. Aber im Ergebnis hätte das nichts gebracht. Eine Strafanzeige wegen Beleidigung wäre nicht wirklich ins Gewicht gefallen, im Verhältnis zu den Taten, die in der gerade stattfindenden Gerichtsverhandlung abgeurteilt werden sollten.

Und um ehrlich zu sein, gingen mir zumindest seine an mich gerichteten Schimpf- und Hasstiraden ohnehin nicht sonderlich nahe. Sein ganzer Auftritt wirkte eher komisch, wenn auch unfreiwillig. Denn seine zuvor akribisch notierten Beschimpfungen las er stehend, mit einem Bundeswehrparka bekleidet, von einem ziemlich mitgenommenen Notizblock ab, wobei er dabei sichtlich Mühe hatte, weil zu allem Überfluss auch noch das rechte Glas seiner schief sitzenden Lesebrille gesprungen war. Er musste immer wieder die noch intakte Seite seiner Brille hochhalten, um seine aufgeschriebenen Gemeinheiten überhaupt richtig entziffern zu können.

Außerdem war seine metaphorisch ausgeschmückte Wortwahl vermutlich ohnehin nur ein letzter verzweifelter Versuch, seine im Zuhörerraum sitzende Mutter weiterhin an seine Unschuld glauben zu lassen. Denn alle anderen Anwesenden waren angesichts der erdrückenden Beweislage bereits restlos davon überzeugt, dass der schnell reizbare Angeklagte über die letzten zwanzig Jahre hinweg knapp dreißig Kinder auf übelste Weise sexuell missbraucht hatte. Die Staatsanwaltschaft ging dabei in einer eher vorsichtigen Schätzung von rund vierhundert Fällen aus, in denen er sich an den vielen Kindern und Jugendlichen vergangen hatte. Die Dunkelziffer war vermutlich noch viel höher.

Trotzdem hatte ich mich noch zu Beginn der Gerichtsverhandlung für den Angeklagten ein wenig eingesetzt. Und das, obwohl ich nicht sein Anwalt, sondern der Anwalt seiner beiden letzten Opfer Thorsten und Lasse war. Dabei hätte mir der Angeklagte ziemlich egal sein können. Als Opfervertreter war es meine anwaltliche Aufgabe – wie der Name schon sagt –, die Rechte der Opfer zu wahren. Dennoch hatte ich mich im Rahmen eines »Rechtsgesprächs« gegen die Anordnung der sogenannten Sicherungsverwahrung ausgesprochen. Der Verteidiger des Angeklagten hatte zu Beginn der Gerichtsverhandlung genau deswegen um ein solches Rechtsgespräch zwischen den Richtern, dem Staatsanwalt und mir als Opfervertreter gebeten, um gegebenenfalls durch einen »Deal« die dem Angeklagten drohende Sicherungsverwahrung zu umgehen.

Solche »Deals«, in denen dem Angeklagten im Falle eines Geständnisses ein milderes Urteil in Aussicht gestellt wird, sind zwar rechtlich zulässig, aber bekanntermaßen hochumstritten. Aber für die Opfer – gerade von schweren Straftaten – bedeutet ein »Deal« oft eine große Entlastung. Denn nicht nur der Täter gewinnt durch sein frühzeitiges Geständnis eine für die Tat deutlich niedrigere Strafe, sondern auch das Opfer hat die Chance, aufgrund des Geständnisses des Angeklagten nicht mehr vor Gericht aussagen zu müssen. Für die Opfer von Sexualdelikten kann das ein wahrer Segen sein, denn allein an die Tat erinnert zu werden und alles wieder erzählen zu müssen, stellt meistens eine schier unüberwindbare Angst dar. Nebenbei entlasten solche »Deals« natürlich auch die Justiz.

Dass ich mich aber trotz der Schwere der angeklagten Taten gegen die Sicherungsverwahrung ausgesprochen hatte, entsprach auch meiner inneren Überzeugung. Die Sicherungsverwahrung bedeutet, dass der Verurteilte auch dann noch inhaftiert bleibt, wenn er seine gerichtlich verhängte Haftstrafe schon abgesessen hat. Nach dem Gesetz kann ein Richter eine solche nachträgliche Sicherungsverwahrung unter anderem verhängen, wenn ein Täter zwei oder mehr schwerere Sexualstraftaten begangen hat. Allerdings ohne dass der Täter jemals zuvor deswegen schon einmal verurteilt, sprich auf sein Fehlverhalten hingewiesen worden wäre.

Mit anderen Worten, wenn jemand binnen zwei Stunden zwei Mal mit seiner Ehefrau Sex hat, während diese schläft, könnte er – ohne dass er jemals von einem Gericht schon einmal in seine Schranken verwiesen worden und verurteilt worden wäre (mit Schlafenden darf man grundsätzlich keinen Sex haben, weil sie im Schlaf ihr Einvernehmen nicht geben können) – sofort in die Sicherungsverwahrung kommen, zusätzlich zu der langen Haftstrafe, die ihn wegen des sexuellen Missbrauchs seiner schlafenden Ehefrau ohnehin schon erwartet.

Es hätte zur Folge, dass jemand ohne den berühmt-berüchtigten Warnschuss sofort ein Leben lang weggesperrt werden könnte, weil er in kurz aufeinanderfolgender Zeit zwei schwere Verfehlungen begangen hat, ohne jemals vor Augen geführt bekommen zu haben, dass das, was er gemacht hat, unrecht ist. Unabhängig von dem politischen Streit, ob die anschließende Sicherungsverwahrung überhaupt zulässig ist, weil ja ein bereits bestrafter Täter, der seine Haftstrafe abgesessen hat, quasi nochmals bestraft wird, halte ich die Sicherungsverwahrung ohne vorherigen »Warnschuss« deshalb für sehr bedenklich. Und auch wenn die Frage der Sicherungsverwahrung streng genommen nicht Bestandteil eines »Deals« sein darf, meine Argumentation schien die Richter in dem Gespräch tatsächlich bereits überzeugt zu haben.

Zu einem Geständnis sollte es aber seitens des Angeklagten erst gar nicht kommen – er sah sich selbst als unschuldig angeklagt, deshalb ja auch seine Hasstiraden gegen alle, die seiner Meinung nach an dieser Misere Schuld hatten – das Rechtsgespräch hätte man sich also vollends sparen können.
Für Thorsten und Lasse hatte alles mit einem Kaninchen angefangen: Nach der Schule waren die beiden elf- und zwölfjährigen Freunde – wie so oft – auf den neben ihrem Wohnhaus, in einer wenig schicken Plattenbausiedlung, liegenden Spielplatz gegangen, um ein bisschen »abzuhängen«. Dort waren sie auf den späteren Angeklagten getroffen, der versuchte, ein Kaninchen zu fangen. Und weil die ganze Situation gar so befremdlich war, hatte es auch nicht lange gedauert, bis der Mann, der sich den beiden Kindern als Olaf Vogel vorstellte, die Jungs freimütig darum bat, ihm doch dabei zu helfen, sein Kaninchen wieder einzufangen – es sei ihm beim »Gassigehen« entlaufen.
Thorsten und Lasse hätten dem sonderbaren Mann mit dem Kaninchen vermutlich auch ohne den Fünfeuroschein, den er jedem zusteckte, geholfen, aber ihre Motivation war hierdurch natürlich deutlich gestiegen. Denn sowohl Lasse als auch Thorsten kamen aus einfachen Verhältnissen. Die knapp zehn Euro Taschengeld, die sie pro Woche von den Eltern bekamen, mussten schließlich auch noch für die obligatorische Wurstsem-

mel in den täglichen Schulpausen reichen. Für andere Ausgaben blieb also wenig Geld übrig.

Als ihnen der freundliche Herr Vogel dann auch noch von seinem großen Flachbildfernseher, seiner Playstation und anderen tollen Dingen, die er besaß, erzählte, hatte er Thorsten und Lasse schon um den Finger gewickelt.

Von nun an waren die beiden Jungs fast jeden Tag nach der Schule bei Herrn Vogel zu Hause, schließlich war das Angebot dort sehr verlockend: Spielekonsole, Computer, Heimkino, Surround-Anlage, Fast Food. Herr Vogel schien alles zu haben, was das Herz von Jugendlichen begehrte. Und die berufstätigen Eltern von Thorsten und Lasse waren gar nicht mal so unglücklich darüber, dass ihre Kinder mittlerweile fast jede freie Minute bei Herrn Vogel verbrachten. Immerhin waren sie nun tagsüber nicht mehr unbeaufsichtigt, und Herr Vogel machte nach außen hin einen sehr vernünftigen Eindruck.

Er hatte sich nämlich bereits nach dem ersten Tag, an dem er Lasse und Thorsten kennengelernt hatte, bei ihren Eltern vorgestellt, als er sie abends nach Hause brachte. Mit seiner damals noch intakten Lesebrille und seinem Cordjackett wirkte er kultiviert, ein bisschen wie ein Lehrer. So zumindest hatte mir Lasses Mutter ihre erste Begegnung mit dem Angeklagten geschildert, als sie gut ein Jahr später zusammen mit ihrem Sohn zu mir in die Kanzlei gekommen war, um Herrn Vogel anzuzeigen.

Der erste Eindruck, den Herr Vogel bei Lasses und Thorstens Eltern machte, war jedenfalls der, dass ihre Kinder bei ihm gut aufgehoben waren. Schließlich hatte er auch erzählt, dass er als Jugendbetreuer in der ehemaligen DDR viel Erfahrung mit Kindern gesammelt habe und es jetzt als seine soziale Verpflichtung ansehe, der Gesellschaft etwas zurückzugeben. Als Frührentner tue schließlich die Gesellschaft ja auch etwas für ihn. Auf seinen monatlichen Rentenbezügen wolle er sich nicht ausruhen, sondern auch etwas Sinnvolles tun und anderen Familien helfen. Als Herr Vogel dann noch anbot, die Hausaufgabenbetreuung und Beaufsichtigung von sportlichen Aktivitäten der Kinder zu übernehmen, waren die Eltern vollends überzeugt.

Für die Eltern, die natürlich an die Geschichte von der Hausaufgaben- und Sportbetreuung glaubten, schien alles fast zu gut, um wahr zu sein. Deswegen hatten sie auch kein Problem damit, dass beide Jungs bereits nach einigen Wochen auch mal bei Herrn Vogel übernachten wollten, bald sogar fast jedes Wochenende. Thorsten und Lasse hatten schließlich immer begeistert von den Unternehmungen mit Herrn Vogel berichtet und dass da ja auch noch viele andere Kinder seien, mit denen sie sich sehr gut verstehen würden. Eine ängstliche Vorahnung oder Sorge hatten die Eltern daher nicht.

Freilich verschwieg Herr Vogel nicht nur, dass seine pädagogische Betreuung darin bestand, ihnen Computerspiele, altersungeeignete Filme und Unmengen an Fast Food zur Verfügung zu stellen. Auch war den Eltern nicht klar, dass Herrn Vogels Auffassung von Hausaufgabenbetreuung und Kindererziehung eine ganz andere war, als er so vollmundig ihnen gegenüber vorgegeben hatte. Und dass Lasse oder Thorsten ihren Eltern die Wahrheit sagen würden, war nicht zu befürchten. Allein die Drohung, es ihren Schulfreunden zu erzählen, reichte bereits aus, um Lasse und Thorsten zum Schweigen zu bringen. Sie erzählten niemandem, was sich in Herrn Vogels Wohnung neben dem Fernsehglotzen und Computerzocken wirklich abspielte.

Herr Vogel hatte nämlich Regeln, und diese mussten strikt befolgt werden. Im Gegenzug gab es ja dann auch die vielen tollen Dinge, die Thorsten und Lasse, aber auch die anderen von Herrn Vogel »betreuten« Kinder und Jugendlichen so gut fanden: Immerhin durften sie so viel Fernsehen gucken und Computer spielen, wie sie nur wollten, und neben den Pommes und Burgern, die Herr Vogel immer gern besorgte, gab es sogar allerlei Süßigkeiten von Markenherstellern und nicht, wie es die Kinder sonst gewohnt waren, vom Billigdiscounter. Für die etwas Älteren gab es zusätzlich Zigaretten und Alkohol.

Aus Sicht der Kinder und Jugendlichen war die Gegenleistung für all diese Annehmlichkeiten geradezu lächerlich. Die Regeln waren simpel, und zumindest am Anfang war es auch nicht weiter schwer, sie zu befolgen. Die erste Regel lautete: »Was in der Wohnung passiert, bleibt in der Wohnung.« Es ging Herrn Vogel dabei natürlich einfach nur darum, dass man sich gegenseitig vertrauen konnte. Die andere Regel war, dass alle in der Wohnung ausnahmslos nackt sein mussten. Aber da Herr Vogel ohnehin nur Jungs in seiner Wohnung um sich scharte, war das für die meisten Kinder und Jugendlichen auch überhaupt kein Problem. In der Schulumkleide hatte unter den Jungs schließlich auch niemand ein Problem gehabt, sich umzuziehen und von den anderen dabei nackt gesehen zu werden. Jungs sind in dem Alter zwischen zehn und fünfzehn Jahren – das schien die bevorzugte Altersgruppe des von Herrn Vogel initiierten »Betreuungsprojekts« zu sein – nicht sonderlich schamhaft.

Erst als sich Herrn Vogels Regeln sukzessive ausweiteten, wenn er den Jungs zum Beispiel beim Toilettengang »behilflich« war und ihnen zunächst an sich, später dann an ihnen selbst genau zeigte, wie man den Penis ordentlich sauber macht, waren sich zumindest die älteren Jungs bald sicher, dass das alles nicht, mehr so ganz normal war. Aber auch sie trauten sich nicht etwas weiterzuerzählen, schließlich hatten sie es Herrn Vogel versprochen: »Was in der Wohnung passiert, bleibt in der Wohnung.« Zudem zeigte Herrn Vogels subtile Warnung, im Falle eines »Vertrauensbruchs« alles den Mitschülern und ihren Eltern zu erzählen, stets Wirkung.

Thorsten und Lasse schilderten mir später, dass sie Herrn Vogels Regeln zwar als unangenehm empfanden, aber die guten Markensüßigkeiten und vor allem das stundenlange Zocken es unterm Strich irgendwie schon ganz erträglich gemacht hatten. Außerdem waren die sonstigen Alternativen, wie »Abhängen« auf dem Spielplatz, nicht sonderlich attraktiv. So gingen die Jungs am Ende doch immer wieder in Herrn Vogels Wohnung, da war es wenigstens nicht langweilig.

Lasses und Thorstens verschämte Aussagen, in denen sie sich in der Gerichtsverhandlung für das, was Herr Vogel mit ihnen angestellt hatte, selbst versuchten einigermaßen plausibel zu rechtfertigen, schienen den Angeklagten sichtlich in seiner selbst versicherten Unschuldsbehauptung zu bestärken. Er grinste zufrieden mit Blickrichtung zu den Richtern, als ob er ihnen signalisieren wollte, dass nun aller Grund dazu bestand, ihn sofort freizusprechen.

Herr Vogel bestritt auch gar nicht, über die Jahre hinweg mit den laut Anklage insgesamt dreißig Kindern und Jugendlichen regelmäßig zusammen auf die Toilette gegangen zu sein, um ihren Penis nach dem Pipimachen zu waschen, mit ihnen zu duschen und sie einer gründlichen Ganzkörperreinigung zu unterziehen. Auch die eine oder andere rektale Untersuchung an den Jungs gab er freimütig zu. Immerhin habe er nachsehen müssen, ob sich die Jungs den Hintern auch richtig gut abgewischt hatten.

Mit einer großen Portion Selbstvertrauen hatte er dem Gericht erklärt, dass dies alles eben zu einer ordnungsgemäßen Kinderbetreuung dazugehöre. Dazu gehörte seiner Ansicht nach auch, dass er den Jungs regelmäßig gezeigt hatte, wie man sich selbst richtig befriedigt. Auch das hatte er mit seinem selbsterklärten Erziehungsauftrag begründet. Sexualerziehung lerne man am besten und einfachsten, wenn es einem praxisnah demonstriert werde. Er sei die ganzen Theoretiker einfach leid.

Nur aus diesen Gründen habe er auch mal den Jungs einen runtergeholt oder abwechselnd sich von den Jungs einen runterholen lassen. Und wenn die Jungs es seiner Meinung nach »gut genug« – was immer das heißen sollte – beherrschten, dann mussten sie es vor ihm und den anderen Jungs demonstrieren, quasi um ein eigenes

»Erfolgserlebnis« zu haben, wie Herr Vogel es nannte. Im Gegenzug gab es als Belohnung für die Jüngeren Markenschokolade, für die Älteren Bier und Zigaretten.

Sein »letztes Wort«, das einem jeden Angeklagten vor der gerichtlichen Urteilsberatung zwingend zusteht, kostete Herr Vogel dann noch mal vollends aus.

Nicht aber, um durch tiefe Reue oder schuldbewusste Entschuldigungen an die Empathie und das Mitleid der Richter zu appellieren. Nein, Herr Vogel nutzte sein letztes Wort, um nochmals ausgiebig den verhassten Staatsanwalt, Lasses Eltern und natürlich auch mich als ihren Anwalt zu beschimpfen.

Lasses Eltern hatten es gewagt, ihn anzuzeigen, nachdem die Mutter verdächtige Flecken an Lasses Kleidung entdeckt und Lasse schließlich ein paar Andeutungen gemacht hatte.

Aus Herrn Vogels Sicht war ohnehin alles eine gewaltige und von langer Hand geplante Verschwörung, um an seinen nicht vorhandenen Reichtum zu gelangen. Wie die Justiz über einen unschuldigen Freigeist wie ihn urteilen wolle, stellte er ebenso in Abrede wie die Verkennung seiner fragwürdigen Erziehungsmethoden, schließlich habe seine Unterstützung noch keinem jungen Mann geschadet.

Die überwiegende Zeit seines Schlusswortes echauffierte er sich dann allerdings erneut darüber, seine aus dem Gefängnis an Lasse und Thorsten adressierten Briefe nebst Briefmarken endlich zurückhaben zu wollen. Dass der Richter Herrn Vogel im Laufe der Gerichtsverhandlung mehrfach erklärt hatte, warum seine Briefe weder bei mir noch bei Lasse und Thorsten angekommen wa-

ren, interessierte ihn dabei nicht. Erneut beschuldigte Herr Vogel mich, mir diese Briefe, gegebenenfalls sogar in bösartigem Zusammenwirken mit dem Staatsanwalt, unter den Nagel gerissen zu haben. Diese Briefe hätten seine Unschuld beweisen können. Und auf die Briefmarken hätte ich sowieso kein Anrecht gehabt.
Sein ungestümer Redefluss sollte Herrn Vogels Situation für das anstehende Urteil nicht verbessern. Die Richter verurteilten ihn zu elf Jahren Haft mit anschließender Sicherungsverwahrung. Mit seinen knapp sechzig Jahren bedeutete das faktisch lebenslänglich hinter Gittern.
In Anbetracht der zahlreichen Kinder und Jugendlichen, die der nicht geständige Olaf Vogel sexuell missbraucht hatte, waren elf Jahre Haft sicherlich tat- und schuldangemessen. Die zusätzlich verhängte Sicherungsverwahrung war es meines Erachtens nicht. Ich bleibe dabei, ehe man jemanden wirklich lebenslang wegsperrt, sollte er zumindest einmal den berühmt-berüchtigten »Schuss vor den Bug« bekommen haben. Wenigstens einmal hätte Herrn Vogel aufgezeigt werden müssen, dass das, was er getan hatte, nicht etwa »Kindererziehung«, sondern ein schlimmes Verbrechen gewesen war. Wenn er dann nach elf Jahren – er wäre dann immerhin etwa siebzig Jahre alt – wieder seinen Blick auf kleine Jungs richten würde, dann mag die Sicherungsverwahrung ein probates Mittel zum Schutze der Bevölkerung sein. Auch Schwerkriminelle haben in einem Rechtsstaat eine zweite Chance verdient.
Herr Vogel sah das mit der zweiten Chance freilich anders, zumindest in Bezug auf mich. Denn obwohl ich

mir sicher war, aufgrund der langjährigen Haftstrafe und anschließenden Sicherungsverwahrung von Herrn Vogel nie wieder zu hören, bekam ich nur wenige Wochen nach der Urteilsverkündung Post von der Staatsanwaltschaft. Herr Vogel hatte mich aus dem Gefängnis heraus angezeigt: wegen Diebstahls von sechs Briefmarken à 55 Cent.

Die Sprache der Liebe

In ihren großen braunen Augen hatten sich Tränen angesammelt. Durch schnelle Wimpernschläge versuchte Sali sie daran zu hindern, an ihren markanten Wangenknochen herunterzulaufen. Die Worte, die die wunderschöne junge Frau mit ihren zarten Lippen formte, waren der Grund für ihren Kummer.

Sali hatte erst vor sechs Monaten geheiratet. Besser gesagt, sie war geheiratet worden. Ihren Ehemann Hassan hatte sie vor ihrer Hochzeit nur ein einziges Mal gesehen – da war sie noch ein Kind gewesen. Kurz darauf war sie zusammen mit ihren Eltern aus Syrien nach Deutschland geflohen.

Salis Eltern hatten das Geld für die Flucht von Hassan bekommen. Im Gegenzug hatten sie Hassan versprochen, ihn mit Sali zu verheiraten, sobald sie volljährig sei.

Ihre Eltern hielten sich an das Versprechen. Drei Monate nach Salis achtzehntem Geburtstag war Hassan aus Syrien nach Deutschland gekommen, um sie vor dem Stuttgarter Standesamt zu ehelichen. Sali wurde in diese Entscheidung nicht mit einbezogen. Und ganz abgesehen davon, dass er vierunddreißig Jahre älter war als sie, war er auch sonst von ihren Vorstellungen eines Wunschpartners weit entfernt. Niemals hätte sie ihn freiwillig geheiratet.

Aber das interessierte niemanden. Ihre Eltern nicht und Hassan schon gleich gar nicht. Und auch bei der alles entscheidenden formelhaften Frage des Standesbeamten, ob Sali den dort anwesenden Hassan zu ihrem rechtmäßigen Ehemann nehmen wolle, hatte Sali es nicht gewagt, nein zu sagen oder sich den deutschen Behörden anzuvertrauen. Die Familienehre verlangte es einfach. Wie sich Sali dabei fühlte, war nicht wichtig. Vertrag war Vertrag. Ohne von der Zwangsheirat zu wissen, verehelichte der Standesbeamte Sali und Hassan.

Hassan hatte sehr klare Vorstellungen davon, wie sich eine Ehefrau zu verhalten habe: Sie hatte den Haushalt sauber zu führen, und auch ansonsten sollte sie genau das tun, was er von ihr verlangte. Sein persönliches Interesse an seiner Ehefrau beschränkte sich ausschließlich auf ihren Körper.
Bereits in der Hochzeitsnacht hatte er damit angefangen, sich rücksichtslos nach seinen Vorstellungen an ihr zu vergehen. Sie war als Jungfrau in die Ehe gegangen. Hassan nahm darauf keine Rücksicht. Ohne Vorspiel und ganz ohne Zärtlichkeit drang er sofort in sie ein. Sie hatte starke Schmerzen, Hassan war das egal. Er erwartete das volle Programm; auch Analverkehr, den er, ohne irgendwelche Hilfsmittel wie Gleitgel oder zumindest etwas Spucke zu verwenden, an Sali ungefragt vollzog. Sali war eine sehr zierliche Frau. Sie erduldete die grauenhaften Schmerzen. Ihre Mutter hatte sie schließlich vorgewarnt, es könnte in der Hochzeitsnacht weh tun.
Aber es wurde nie besser, sondern nur schlimmer. Hassan nahm Sali jeden Tag, so wie er es gerade wollte, oft

auch mehrfach am Tag. Je nach Laune forderte er von ihr grob und rücksichtslos den oralen, vaginalen oder analen Verkehr ein, meistens auch alles nacheinander. Aber je härter Hassan den rigorosen Geschlechtsverkehr mit ihr vollzog, desto mehr verkrampfte sie sich.

Ihr zierlicher Körper hielt das nicht lange durch. Bereits nach wenigen Wochen zeigten sich die ersten Symptome: innere Blutungen, Würgereiz, Stuhlinkontinenz. Immer häufiger bekam sie nach dem gewaltsam durchgeführten Analsex Durchfall, den sie nicht bis zur Toilette zurückhalten konnte. Und den Oralverkehr musste sie regelmäßig unterbrechen, weil sie ein schier unerträglicher Würgereiz plagte. Trotzdem packte Hassan sie weiterhin am Nacken und zwang sie, ihn – meist bis zum Höhepunkt – zu befriedigen. Mehrfach musste sie sich deshalb übergeben, was Hassan wütend machte und ausrasten ließ.

Bei den ersten »Verfehlungen« dieser Art hatte Hassan sie zunächst mit Schlägen bestraft und ihr Gesicht in ihr Erbrochenes gedrückt. Nachdem sie alles sauber gemacht hatte, forderte er erneut seine Befriedigung ein. Ein Teufelskreis.

Als sich nach mehreren Monaten Ehe trotz Hassans regelmäßiger »Disziplinierung« keine Besserung bei Sali eingestellt hatte und es weiterhin beim grob durchgeführten Oral- und Analsex zu Zwischenfällen der oben beschriebenen Art kam, suchte Hassan zunächst Rat bei einem befreundeten syrischen Arzt. Dessen verschriebene Medikation, überwiegend bestehend aus diversen Kräutermischungen, brachte naturgemäß keine Besserung.

Hassan machte seiner jungen Frau bittere Vorwürfe. Sie sei nicht würdig, mit ihm verheiratet zu sein, da sie sich nicht ausreichend bemühen würde, seine sexuellen Wünsche zu befriedigen und zudem nicht »stubenrein« wurde. Immer öfter drohte er ihr an, sich an einen angesehenen Stuttgarter Mullah zu wenden, um die Ehe annullieren zu lassen. Hassan war sich sicher, dass eine Ehe, in der die Frau ihren Mann nicht angemessen zu befriedigen vermochte, schnell zu scheiden war. Auch nach deutschem Recht. Er drohte Sali auch offen damit, hohe Schadensersatzansprüche bei ihrer Familie für Hochzeitsfeier und entgangene Liebesfreuden zu verlangen.
Sali glaubte Hassans Drohungen, und sie machten ihr große Angst. Nicht wegen Hassan, sondern wegen der Schande für ihre Familie. Aber sie wusste auch, dass sie Hassans Hunger nach grobem, rücksichtslosem Sex nie ausreichend bedienen können würde, auch wenn sie sich immer bemüht hatte, eine gute Ehefrau zu sein. Würde ihre Familie erfahren, dass sich Hassan von Sali trenne, wäre die Familienehre beschmutzt. Nur ihr Tod könnte das verhindern. Sterben wollte sie aber nicht. Sie war doch erst neunzehn. Würde sie sich aber nicht selbst umbringen, bliebe ihrer Familie nur der Schritt, es für sie zu tun. Sali hatte also keine andere Wahl. Sie musste fliehen.

Die Fassungslosigkeit stand allen Anwesenden ins Gesicht geschrieben. Mit Ausnahme von Sali. Die hübsche zierliche Frau, die zusammen mit einer Syrisch sprechenden Mitarbeiterin des städtischen Frauenhauses in meine Kanzlei gekommen war, hatte all das nach einem anfänglichen Gefühlsausbruch relativ nüchtern und emotionslos geschildert. Mir kam es sogar fast so vor, als würde Sali gar nicht verstehen können, warum die Dame vom Frauenhaus beim Übersetzen von Salis Schilderungen immer wieder um Unterbrechungen gebeten hatte, um sich die Tränen aus den Augen zu wischen.

Nach zwei Stunden minutiöser Schilderungen von sexueller Misshandlung, körperlicher Züchtigung und psychischer Demütigung hatte ich keinen Zweifel, dass das auch wirklich alles so passiert war. Nicht nur Salis detailreiche Schilderungen der sexuellen Übergriffe durch Hassan und die vielen Komplikationen im Handlungsablauf, wenn er sie mal wieder vergewaltigt hatte, waren klare Indizien für den Wahrheitsgehalt ihrer Geschichte. Auch dass sie ohne Probleme ihre Erzählungen fortführen konnte, wenn ich sie hin und wieder für Nachfragen unterbrach, und Hassan sogar immer wieder in Schutz nahm, waren deutliche Kennzeichen für eine »erlebnisbasierte Schilderung«.

Vor allem Letzteres, also wenn Opfer sexueller Gewalt den Täter trotz allem noch in Schutz nehmen, ja sogar die Schuld bei sich selbst suchen oder auf sich nehmen wollen, ist ein deutliches Signal für wahr Erlebtes. Er hätte es nicht so gemeint, betonte Sali immer wieder. Lügner und Wichtigtuer hingegen neigen oft zu Übertreibungen, finden – wenn man sie unterbricht – nicht zum Faden der Geschichte zurück, legen einen überhöhten Belastungseifer an den Tag und schildern meist auch keine recht elaborierten Details.

Umso mehr zweifelte ich an meiner Menschenkenntnis und meiner bisherigen Erfahrung, als Sali nur einen Tag später bei ihrer polizeilichen Vernehmung so gar nichts mehr von alldem wissen wollte, was sie mir, respektive der Mitarbeiterin aus dem Frauenhaus, noch am Tag zuvor so offen anvertraut hatte.

Ich tat mich ehrlich gesagt schwer, meinen Ärger hierüber zu verbergen. Schließlich war es nur durch meine Beharrlichkeit gelungen, so schnell einen polizeilichen Vernehmungstermin beim zuständigen Fachkommissariat der Kriminalpolizei zu bekommen. Aufgrund von Salis familiären Verstrickungen und dem großen persönlichen Druck, der auf ihr lastete, wollte ich ihr ein langes Warten auf einen polizeilichen Vernehmungstermin ersparen. Und außerdem ist es für Opfer sexueller Gewalt erfahrungsgemäß auch deutlich einfacher, die Erlebnisse möglichst zeitnah nacheinander und geschlossen zu schildern, als mit größeren zeitlichen Unterbrechungen immer wieder aufs Neue mit den schmerzhaften Erinnerungen an die Tat konfrontiert zu werden. »Sekundärviktimisierung« nennt man dieses Phänomen, wenn das Opfer gerade aufgrund von zeitlich gestreckten Vernehmungen immer wieder an die Tat erinnert und damit aufs Neue belastet wird.

Ich hatte mich sehr für Salis Fall starkgemacht, damit der Vernehmungstermin überhaupt so kurzfristig stattfinden konnte. Es gab nur eine einzige vereidigte Dolmetscherin für die syrische Sprache, und diese hätte an diesem Tag eigentlich in einem anderen Fall für die Polizei übersetzen sollen. Ein Ausweichtermin wäre innerhalb der nächsten zwei Wochen jedenfalls nicht möglich gewesen. Weil aber der andere Fall »nur« eine körperliche Auseinandersetzung zwischen zwei Jugendlichen betraf, konnte ich die zuständige Kriminalbeamtin unter Verweis auf die Dringlichkeit in Salis Fall davon überzeugen, Salis Vernehmung vorzuziehen.

Dementsprechend waren sowohl ich als auch die Polizistin verärgert, weil der Aufwand anscheinend umsonst gewesen war. Denn Sali war wie ausgewechselt. Keine ihrer Antworten schien auf die Fragen der Polizistin zu passen. Mehrfach ermahnte die Kriminalbeamtin Sali zur Wahrheit. Aber nichts von alledem, was Sali noch am Tag zuvor mir in der Kanzlei erzählt hatte, war von Sali respektive ihrer Dolmetscherin zu hören. Kein Wort über die brutalen oralen, vaginalen und analen Vergewaltigungen, die körperlichen Misshandlungen mit Hassans Gürtel oder die »disziplinarischen Maßnahmen«, um sie »stubenrein« zu bekommen. Selbst als die Polizistin ganz direkt nach Gewalttätigkeiten ihres Mannes, sexuellen Übergriffen oder psychischen Demütigungen fragte, erhielt sie keinerlei brauchbare Antworten. Die Dolmetscherin gab immer nur wieder, Sali wisse nicht, wovon die Polizistin spreche, und könne ihr nicht folgen. Eigentlich wisse Sali überhaupt nicht, warum sie hier bei der Polizei sei. Sie wolle nur wieder zurück nach Hause zu ihrem Hassan.

Zugegeben, es war nichts Neues, dass eine Frau, die ihren Ehemann angezeigt hatte, es sich plötzlich anders überlegte. Nicht selten wollen sogar ganz offensichtlich gewaltbetroffene Frauen, denen man die Misshandlungen am ganzen Körper eindeutig ansieht, die Aussage gegen ihren Ehemann oder Partner zurücknehmen.

Die Gründe hierfür mögen vielschichtig sein, vielleicht weil ihre Männer ihnen (mal wieder) die plötzliche Besserung gelobt haben, vielleicht weil sie Angst davor haben, dass der Ernährer ins Gefängnis muss und sie dann selbst auf der Straße stehen, oder vielleicht auch, weil ihnen aus dem familiären Umfeld massiv gedroht wurde. Und gerade dass sich die eigene Familie einmischt und gegenüber der Frau ein Machtwort spricht, kommt nicht selten vor.

Ich konnte Sali jedenfalls nicht zwingen, die Wahrheit zu sagen. Vielleicht sagte Sali aber auch jetzt die Wahrheit und hatte mich am Tag zuvor in der Kanzlei belogen?

Wo immer die Wahrheit liegen und so schlimm das alles gewesen sein mochte, was Hassan Sali angetan hatte – wenn sie es bei der Polizei nicht selbst erzählen würde, waren mir, der Polizei und auch der Justiz die Hände gebunden. Wo kein Kläger, da kein Richter.

Auch auf mehrfache und eindeutige Nachfrage der Vernehmungsbeamtin blieb Sali dabei, einfach nur nach Hause zu Hassan zu wollen. Sie machte einen geknickten Eindruck, antwortete einsilbig, aber eindeutig.

Was Sali mir noch einen Tag zuvor in der Kanzlei erzählt hatte, durfte ich der Polizei ohne ihre ausdrückliche Zustimmung nicht berichten. Das verbot mir die anwaltliche Schweigepflicht. Mehr konnte ich also nicht tun. Die Sache war damit für mich beendet. Höflich, aber sehr distanziert und innerlich stark verärgert, verabschiedete ich mich nach der Vernehmung.

Jetzt, nach Erhalt des folgenden Briefes, bedauere ich sehr, bei der Vernehmung nicht weiter insistiert zu haben. Aber das Gesetz verbot es mir, in der Sache noch etwas zu unternehmen.

Frauenhaus Stuttgart

An Herrn
Dr. Alexander Stevens
Neuhauser Straße 1
80331 München

Stuttgart, 23.03.2015

Sehr geehrter Herr Dr. Stevens,

Als Mitarbeiterin des Frauenhauses Stuttgart begleitete ich Sali damals zu Ihrer Kanzlei. Bevor Sali von Hassan aus dem Frauenhaus abgeholt wurde, bat sie mich, beigefügten Brief zu übersetzen und Ihnen zukommen zu lassen.

»Lieber Herr Stevens,
es tut mir sehr leid, Ihnen so viele Umstände bereitet zu haben. Bitte glauben Sie mir, dass ich das nicht wollte. Alles, was ich Ihnen damals erzählt habe, ist wahr. Auch bei der Polizei wollte ich das, was ich Ihnen erzählt habe, aussagen. Aber die Dolmetscherin dort sagte mir, dass Worte wie Sex und Vergewaltigung von einer gläubigen Frau nicht in den Mund genommen werden dürfen. Solche Worte würden auch meinen Mann und unsere

Familien entehren. Sie sagte auch, dass ich eine Gotteslästerin sei, weil ich zur Polizei gegangen bin. Keine Frau darf den eigenen Ehemann anzeigen. Den Ehemann muss man ehren. Ich wusste nicht, was ich tun sollte, Herr Stevens. Denn ich denke, sie hat recht. Ich hätte meinem Mann und meiner Familie nie diese Schande machen dürfen. Deshalb möchte ich Sie bitten, niemandem davon zu erzählen. Ich will meiner Familie und der meines Mannes nicht noch mehr Ärger machen. Bitte verzeihen Sie mir, Sie waren sehr gut zu mir.

Sali«

Leider muss ich Ihnen auch mitteilen, dass Sali letzte Woche verstorben ist. Die Polizei geht von Selbstmord aus.

*Mitarbeiterin
Unterschrift*

Stephan Harbort

DER KLARE BLICK

Mit dem Wissen des Profilers Lügen entlarven und richtige Entscheidungen treffen

Im Alltag ist es oft schwierig, rasch eine gute Lösung für komplexe Probleme zu finden. Was tun bei Auseinandersetzungen mit dem Chef? Wie helfen Sie, die Konflikte Ihrer Kinder zu lösen? Wie finden Sie heraus, ob der Partner fremdgeht?

Stephan Harbort ist als Profiler geübt darin, vielschichtige Situationen zu entschlüsseln und Kriminalfälle mit Blick für die Täterpsyche zu lösen.

In *Der klare Blick* führt er praxisnah in die Methodik der operativen Fallanalyse ein, er hilft dem Leser, seine eigene Wahrnehmung zu schärfen und nüchtern und abwägend die richtigen Entscheidungen zu treffen.

KNAUR